21世纪经济管理新形态教材·公共管理系列

统计综合评价方法与应用

刘云忠　郝　原◎编著

清华大学出版社
北　京

图书在版编目（CIP）数据

统计综合评价方法与应用/刘云忠，郝原编著．—北京：清华大学出版社，2020.12（2025.1重印）
21世纪经济管理新形态教材．公共管理系列
ISBN 978-7-302-56837-7

Ⅰ．①统… Ⅱ．①刘… ②郝… Ⅲ．①统计学－研究－高等学校－教材 Ⅳ．①C8

中国版本图书馆CIP数据核字（2020）第225252号

责任编辑：吴　雷
封面设计：汉风唐韵
责任校对：王凤芝
责任印制：宋　林

出版发行：清华大学出版社
网　　址：https://www.tup.com.cn，https://www.wqxuetang.com
地　　址：北京清华大学学研大厦A座　　邮　　编：100084
社 总 机：010-83470000　　邮　　购：010-62786544
投稿与读者服务：010-62776969，c-service@tup.tsinghua.edu.cn
质量反馈：010-62772015，zhiliang@tup.tsinghua.edu.cn
印 装 者：涿州市般润文化传播有限公司
经　　销：全国新华书店
开　　本：185mm×260mm　　印　　张：8.75　　字　　数：206千字
版　　次：2020年12月第1版　　印　　次：2025年1月第5次印刷
定　　价：45.00元

产品编号：089584-01

PREFACE

前 言

“统计综合评价方法与应用”是经济统计专业、应用统计专业本科生和硕士研究生的一门重要课程。本教材主要选取了三种最容易操作的统计综合评价方法：层次分析法、模糊综合评判法、灰色系统理论综合评价法。之所以选择这三种方法，是因为这三种方法不需要涉及复杂的编程运算，容易被学生们理解和掌握。

为使学生们尽快掌握“统计综合评价方法与应用”课程中的基本理论、基本方法和技巧，先从简单的、最容易被同学们理解和掌握的统计综合评价方法入手，深入浅出地讲解统计综合评价方法。

第 1 章介绍综合评价的相关概念、具体步骤、建立指标体系的原则以及如何确定指标权重等基本问题。第 2 章介绍无量纲化方法的基本概念、无量纲化方法应遵守的原则等内容。第 3 章介绍综合评价的常见模型方法、常规多指标数学合成法以及合成法应遵循的原则。第 4 章介绍层次分析法的基本原理、基本步骤、实际应用案例。第 5 章介绍模糊综合评判法的基本原理和基本步骤等内容。第 6 章介绍灰色系统理论综合评价法的基本理论、基本步骤、实际应用案例。

本教材强调实用性，在阐述基本理论的基础上，力图做到简明直观、思路清晰、步骤详细，并且通过众多实际案例进行讲解，充分体现理论与实践兼备。

本教材由刘云忠负责编写框架和拟定提纲，并对全书进行统稿和最终定稿。郝原撰写了第 1 章，刘云忠撰写了第 2 章至第 6 章。本教材是西安财经大学 2019 年度校级规划教材建设项目(JC1906)，得到了西安财经大学统计学院的经费资助，特此表示衷心的感谢！

在教材的编写过程中，硕士研究生刘亚平、陈露、惠雪倩、成园园、石友山提供了帮助，在此一并表示衷心的感谢！

本教材在编写过程中参阅了大量国内外有关综合评价的著作和文献资料，在此对这些专家、学者和老师表示深深的谢意。由于编者水平有限，一定有很多错漏和不妥之处，恳请同行专家、学者及读者批评指正。

编 者

2020 年 9 月 16 日

CONTENTS 目 录

第1章

概　述

1.1　综合评价相关概念

综合评价(comprehensive evaluation,CE),是一种常见的统计评价方法,被广泛地应用于经济、管理、工程等众多领域,并能对多个被评价对象给出优劣排序。它不仅是一种评价方法,而且是一个方法系统,也是对多指标进行综合评价的一系列有效方法的总称。它具有以下特点:评价包括若干指标,多个指标分别说明被评价对象的不同方面;评价方法最终要对被评价事物进行一个整体性的评判,用一个总指标来说明被评价事物的一般水平。

综合评价的研究对象通常是自然、社会、经济等领域中的同类事物(横向)或同一事物在不同时期的表现(纵向)。具体的综合评价一般表现为以下三类问题:

(1) 对研究事物进行分类。把多个具有相同或相近属性的事物归为一类,或对同一事物的不同时间段进行比较分类,有利于对客观事物进行科学的评价。比如,依据经济发展状况对我国各地区进行分类,有利于国家制定有关政策,促进我国经济稳定协调发展。

(2) 对上述问题的有序化,即在第一类问题的基础上对各小类按优劣排序。比如,对我国各地区按经济状况分类后再进一步明确哪些地区经济发展状况好,哪些地区经济发展状况不佳等,这将为宏观经济管理提供有用信息。

(3) 对某一事物进行整体性评价。当然,这种整体性评价也必须有参考系,否则无法进行评价。如果已经有一些同类事物的评价结果(即了解其综合表现情况),就称其为有训练的样本。这样,只需要将所评价对象与这些有训练的样本进行比较,用有训练的样本的先验信息对该对象进行评价即可。这在地质勘探、天气预报等领域有着广泛应用。

1.2　综合评价构成要素

综合评价的构成要素包括6个方面:评价者、评价对象、评价指标体系、指标权重、评价模型、评价结果。其中,确定评价指标体系、确定各指标权重、建立评价模型是综合评价的关键环节。

(1) 评价者。评价者可以是某个个人或团体。评价目的的给定、评价指标的建立、评价模型的选择，权重的确定都与评价者有关。因此，评价者在评价过程中的作用是不可忽视的。

(2) 评价对象。评价对象是指同一个评价目的下客观事物所组成的集合。评价对象集合包含的元素个数必须多于一个，因为如果评价对象的集合只包含一个元素，就没有进行排序的必要。同时，评价对象要满足统计总体的特征，即同时具有同质性和差异性的特点，也就是说评价对象至少是同类事物，具有相同的比较基础，但至少在某一方面又存在不同，这样才有评价的可能。假定在同一评价目的下组成的评价对象用集合表示，则可记为 $\{s_1,s_2,\cdots,s_m\}$，$m>1$，其中，s_j，$j=1,2,\cdots,m$ 为每一个评价对象。

(3) 评价指标体系。评价指标是根据研究的对象和目的，能够确定地反映研究对象某一方面情况的特征依据，每个评价指标都是从不同侧面刻画对象所具有的某种特征。所谓指标体系是指由一系列相互联系的指标所构成的整体，它们能根据研究的对象和目的，综合反映对象各个方面的情况。指标体系不仅受评价客体与评价目标的制约，而且也受评价主体价值观念的影响。若有 m 项评价指标，则可依次记为 $x_1,x_2,\cdots,x_m(m>1)$。

(4) 指标权重。相对于某种评价目的来说，评价指标之间的相对重要性是不同的。评价指标之间的这种相对重要性的大小，可用权重来度量。若 ω_j 是评价指标 x_j 的权重，一般应有

$$\omega_j \geqslant 0(j=1,2,\cdots,m)\sum_{j=1}^{m}\omega_j=1 \tag{1-1}$$

当评价对象和评价指标都给定时，综合评价的结果就依赖于权重了。权重确定的合理与否，直接关系综合评价结果的可信程度，因此，对权重的确定应特别谨慎。当然，现在有些模型在使用过程中省略了设定权重这一环节，并不是因为不用设定权重，而是在评价模型系统内部自带这一步骤，从而节省了评价者的劳动。

(5) 评价模型。是指通过一定的数学模型(或算法)将多个评价指标值“合成”为一个整体性的综合评价值。可用于“合成”的数学方法较多，问题在于我们如何根据评价目的(或准则)及被评价系统的特点来选择较为合适的合成方法。也就是说，在获得被评价对象的评价指标值 $x_{ij}(i=1,2,\cdots,n,j=1,2,\cdots,m)$ 的基础上，如何选用或构造综合评价函数，例如：

$$y=f(x,\boldsymbol{\omega}) \tag{1-2}$$

式中，$\boldsymbol{\omega}=(\omega_1,\omega_2,\cdots,\omega_m)^{\mathrm{T}}$ 为指标权重向量；$\boldsymbol{x}=(x_1,x_2,\cdots,x_m)^{\mathrm{T}}$ 为指标向量。

(6) 评价结果。由式(1-2)可以求出被评价对象的综合评价值 $y_i=f(\boldsymbol{\omega},x_i)$，$y_i$ 为第 i 个被评价对象在评价指标体系上的取值。根据 y_i 值的大小将这 n 个被评价对象进行排序和分类，然后根据综合分析可得到科学的评价结果。

1.3 综合评价的基本环节

1.3.1 评价对象的选择

综合评价的研究对象通常有以下三种情况：

第一种是自然、社会、经济等领域中的同类事物(横向)，如我国大学的排名。

第二种是自然、社会、经济等领域中的同一事物在不同时期的表现(纵向)，如陕西省自

新中国成立以后在各个不同发展阶段的经济状况。

第三种是自然、社会、经济等领域中的同类事物在不同时期的表现，如我国各个省、自治区、直辖市自新中国成立以来在不同阶段的经济发展状况。

评价对象的数目必须大于1。被评价的事物应为同类事物，但至少在某一方面存在不同，具有差异性。

1.3.2 综合评价的步骤

1. 明确评价目标

评价目标是评价工作的根本性指导方针。对某一事物开展综合评价，首先要明确为什么要进行综合评价，评价事物的哪一方面，评价的精确度要求如何，等等。比如，为了观察和监测国民经济活动中的各种消耗是否经济合理，所获得的生产成果在质量上是否适合社会需要，就必须根据国民经济运行过程，从成果与消耗、成果与需求等各种不同角度，进行质和量的分析、比较和综合评价，即宏观经济效益综合评价。

2. 组织评价小组

评价小组通常由评价所需要的技术专家、管理专家和评价专家组成。参加评价工作的专家资格、组成以及工作方式等都应满足评价目标的要求，以保证评价结论的有效性和权威性。

3. 构建评价指标体系

选取评价指标、建立评价指标体系是整个综合评价工作的关键。首先，需要明确选取评价指标的指导思想和应遵循的基本原则；其次，在此基础上，根据评价的目的及其主要属性，将评价对象的评价总目标（目的）进一步分解成不同的分目标、准则；再次，采用定性分析与定量分析相结合的方法选择具体的评价指标；最后，得到一个能够反映评价对象本质的递阶层次结构体系，即综合评价的指标体系。评价对象的递阶层次结构取决于评价目标、评价对象的一般性质、决策要求以及拥有的相关基础资料状况。要根据这些情况进行具体分析，以建立起既科学合理，又切合实际、便于操作的评价指标体系。

4. 设置权重

根据指标体系设置科学合理的权重。任何一种综合评价方法，都要依据一定的权重对各单项指标评价结果进行综合，权重的改变会影响评价的结果。当然，现阶段一些评价模型系统内部自带对权重的赋值，不需要评价者对其赋值，因此可根据选择的评价模型来确定是否进行该步骤。

5. 选择或设计评价方法

评价方法根据评价对象的具体要求而有所不同。总体来说，要选择成熟的、公认的评价方法，并注意评价方法与评价目的相匹配，应注意评价方法的内在约束，掌握不同方法的评价角度与评价途径。

6. 选择和建立评价模型

按照所选择的评价方法建立评价模型。目前,已出现了多种综合评价方法,如多元统计分析中的主成分分析、因子分析等,多目标决策的方法如层次分析法、模糊理论、灰色系统理论等。但这并不意味着综合评价方法和理论已十分完善,还有不少问题需要不断研究和完善。比如,综合评价方法很多,但我们在实际中应如何选用某种方法?针对同一问题,不同的方法会有何种不同的结果?

7. 评价结果分析

综合评价是一项主观性很强的工作,我们在评价工作中必须以客观性为基础,提高评价方法的科学性,保证评价结果的有效性。一般情况下,对综合评价结果进行分析大体包括以下几个方面:

① 根据综合评价结果,寻找评价对象的主要薄弱环节,发现原因,并提出对策建议。

② 对各项指标分项展开深入分析。进行国际、省际、地区间及各单位间的对比分析,指出在当前有关政策、管理上的规章制度方面存在的不完善之处,提出若干可供选择的有关政策、决策改进方案和建议等。

当然,由于综合评价方法的局限性,使得它的结论只能作为认识事物、分析事物的参考,而不能作为决策的唯一依据。

1.3.3 评价指标体系的构建

1. 指标体系的构建原则

(1) 指标具有全面性。指标体系的设计要尽可能覆盖评价的基本内容,如果有所遗漏,评价就会出现偏差。这就要求所选的指标在不同的侧面具有代表性。选取的指标应从被评价事物的各个方面着眼,尽管最后确定的评价指标不一定很多,但在初始选择时,备选指标一定要多一些、全一些,以保证选取的余地。

(2) 指标具有独立性。建立评价指标体系应选择相对独立的评价指标,即要求指标体系中的各个评价指标在合乎整体性原则的前提下,彼此之间要尽可能满足相对的独立性。要求所选择的各个指标必须相对独立,不应存在包含、大部分交叉及大同小异的现象,以尽量避免信息上的重复。但这种独立性也是相对的,要尽可能满足独立性的要求,但要做到完全独立也是不可能的,独立性的程度要与所选择的评价方法相匹配。

(3) 指标具有可行性。指标应可行,符合客观实际水平,有稳定的数据来源,易于操作。指标含义要明确,数据要规范,口径要一致,资料收集要简便易行。

2. 评价指标的选择方法

在按一些原则确立指标体系后,这些量都是可以观察、测量的。在此基础上,可以用统计分析中的方法来选出一部分,它们有很好的代表性,可使我们在进行综合评价时更容易操作。

(1) 条件广义方差极小法。从统计分析的眼光来看，给定 P 个指标 $X_1, X_2, \cdots, X_p$ 的 n 组观察数据，就认为提供了 n 个样本，相应的全部数据表示为

$$\boldsymbol{X} = \begin{bmatrix} X_{11} & X_{12} & \cdots & X_{1p} \\ X_{21} & X_{22} & \cdots & X_{2p} \\ \vdots & \vdots & \ddots & \vdots \\ X_{n1} & X_{n2} & \cdots & X_{np} \end{bmatrix} \tag{1-3}$$

每一行代表一个样本的观察值，$\boldsymbol{X}$ 是 $n \times p$ 矩阵，利用 $\boldsymbol{X}$ 的数据，可以算出变量 x_i 的均值、方差与 x_i, x_j 之间的协方差，相应的表达式如下：

$$\text{均值} \quad \overline{X_i} = \frac{1}{n}\sum_{\alpha=1}^{n} x_{\alpha i} \qquad i = 1, 2, \cdots, p \tag{1-4}$$

$$\text{方差} \quad S_{ii} = \frac{1}{n}\sum_{\alpha=1}^{n} (x_{\alpha i} - \overline{X_i})^2 \qquad i = 1, 2, \cdots, p \tag{1-5}$$

$$\text{协方差} \quad S_{ij} = \frac{1}{n}\sum_{\alpha=1}^{n} (x_{\alpha i} - \overline{X_i})(x_{\alpha j} - \overline{X_j}) \quad i \neq j \quad i, j = 1, 2, \cdots, p \tag{1-6}$$

由 S_{ii}, S_{ij} 形成的矩阵

$$\boldsymbol{S} = (S_{ij})_{(p \times p)} \tag{1-7}$$

称为 $X_1, X_2, \cdots, X_p$ 这些指标的方差、协方差矩阵，或简称为样本的协差阵。用 $\boldsymbol{S}$ 的行列式值 $|S|$ 反映这 P 个指标变化的状况，它也被称为广义方差，因为 $p=1$ 时 $|S| = |S_{11}| =$ 变量 X_1 的方差，所以它可以看成是方差的推广。可以证明，当 $X_1, X_2, \cdots, X_p$ 相互独立，广义方差 $|S|$ 达到最大值；当 $X_1, X_2, \cdots, X_p$ 线性相关时，广义方差 $|S|$ 的值是 0。因此，当 $X_1, X_2, \cdots, X_p$ 既不相互独立时，又不线性相关时，广义方差 $|S|$ 的大小反映了它们内部的相关性。

下面来考虑条件广义方差，可将式(1-7)分块表示，这就将 $X_1, X_2, \cdots, X_p$ 的 P 个指标分成两部分 $(X_1, \cdots, X_{p1})$ 和 $(X_{p1}, \cdots, X_p)$，分别记为 $X_{(1)}$ 与 $X_{(2)}$，即

$$\boldsymbol{X} = \begin{bmatrix} x_1 \\ x_2 \\ \vdots \\ x_1 \end{bmatrix} = \begin{bmatrix} \boldsymbol{X}_{(1)} \\ \boldsymbol{X}_{(2)} \end{bmatrix} \quad \boldsymbol{S} = \begin{bmatrix} S_{11} & S_{12} \\ S_{21} & S_{22} \end{bmatrix} \tag{1-8}$$

这样表示后，S_{11}, S_{12} 表示 $\boldsymbol{X}_{(1)}, \boldsymbol{X}_{(2)}$ 的协差阵。给定 $\boldsymbol{X}_{(1)}$ 之后，$\boldsymbol{X}_{(2)}$ 对 $\boldsymbol{X}_{(1)}$ 的条件协差阵，从数学上可以推导得到(在正态分布的前提下)

$$\boldsymbol{S}(\boldsymbol{X}_{(2)} \mid \boldsymbol{X}_{(1)}) = S_{22} - S_{21}S_{11}^{-1}S_{12} \tag{1-9}$$

式(1-9)表示当已知 $\boldsymbol{X}_{(1)}$ 时，$\boldsymbol{X}_{(2)}$ 的变化状况。可以想到，若已知 $\boldsymbol{X}_{(1)}$ 后，$\boldsymbol{X}_{(2)}$ 的变化很小，那么 $\boldsymbol{X}_{(2)}$ 这部分指标就可以删去，即 $\boldsymbol{X}_{(2)}$ 所能反映的信息在 $\boldsymbol{X}_{(1)}$ 中几乎都可得到，因此就产生条件广义方差最小的删去方法。具体方法如下：

将 $X_1, X_2, \cdots, X_p$ 分成两部分 $(X_1, \cdots, X_{p-1})$ 看成 $\boldsymbol{X}_{(1)}$，X_p 看成 $\boldsymbol{X}_{(2)}$，用式(1-9)就可算出 $\boldsymbol{S}(\boldsymbol{X}_{(2)} | \boldsymbol{X}_{(1)})$，此时是一个数值，它是识别 X_p 是否应删去的量，记为 t_p。类似地，对 X_1，可以将 X_1 看成 $\boldsymbol{X}_{(2)}$，余下 $p-1$ 个看成 $\boldsymbol{X}_{(1)}$，用式(1-9)就可以算出一个数值，记为

t_i，于是得到 $t_1,t_2,\cdots,t_p$ 这 p 个值，比较它们的大小，最小的一个可以考虑删去，这与所选的临界值 C 有关，C 是自己选的，若其小于 C 就可删去，大于 C 则不宜删去。给定 C 之后，逐个检查 $t_i<C,(i=1,2,\cdots,p)$ 是否成立，有就删，删去后对留下的变量，可以完全重复上面的运算过程，直到没有可删的为止，这就选取了既有代表性，又不重复的指标集。

(2) 极大不相关法。显然，如果 X_1 与其他的 $X_2,\cdots,X_p$ 是独立的，那就表明 X_1 是无法用其他指标来代替的，因此保留的指标应该是相关性越小越好，在这个方法指导下，就导出极大不相关方法。首先求出样本的相关阵 $\boldsymbol{R}$，如下：

$$\boldsymbol{R}=(r_{ij})\quad r_{ij}=s_{ij}/\sqrt{s_{ii}s_{jj}}\quad i,j=1,2,\cdots,p \tag{1-10}$$

r_{ij} 称为 x_i 与 x_j 相关系数，它反映了 x_i 与 x_j 的线性相关程度。现在要考虑的是一个变量 X_i 与余下的 $p-1$ 个变量之间的线性相关程度，其被称为复相关系数，简记为 p_i。p_i 可以用下面的公式计算。先将 $\boldsymbol{R}$ 分块，如要计算 ρ_p，就将 $\boldsymbol{R}$ 写成

$$\boldsymbol{R}=\begin{bmatrix}\boldsymbol{R}_{-p} & r_p\\ r_p^T & 1\end{bmatrix}(\boldsymbol{R}_{-p}\text{ 表示除去 }x_p\text{ 的相关阵}) \tag{1-11}$$

(注意 $\boldsymbol{R}$ 中的主对角元素 $r_{ij}=1,i=1,2,\cdots,p$)于是 $\rho_p^2=r_p^T\boldsymbol{R}_{-p}^{-1}r_P$。类似地，要计算 ρ_i^2 时，将 $\boldsymbol{R}$ 中的第 i 行，第 j 列进行置换，放在矩阵的最后一行与最后一列，此时

$$\boldsymbol{R}\xrightarrow{\text{置换后}}\begin{bmatrix}\boldsymbol{R}_{-i} & r_i\\ r_i^T & 1\end{bmatrix} \tag{1-12}$$

于是 ρ_i^2 的计算公式为 $\rho_{ii}^2=r_i^TR_{-i}^{-1}r_i,i=1,2,\cdots,p$。算得 $\rho_1^2,\rho_2^2,\cdots,\rho_p^2$ 后，其中值最大一个，表示它与其他变量相关最大，指定临界值 D 之后，$\rho_i^2>D$ 时，就可以删去 X_i。

(3) 选取典型指标法。如果开始考虑的指标过多，可以将这些指标先进行聚类，而后在每一类中选取若干典型指标。典型指标的选取，可用上述方法，但这两种方法计算量都比较大。用单相关系数选取典型指标计算简单，在实际中可依据具体情况选用。假设聚为同一类的指标有 n 个，分别为 $a_1,a_2,\cdots,a_n$。

第一步，计算 n 个指标之间的相关系数矩阵 $\boldsymbol{R}$

$$\boldsymbol{R}=\begin{bmatrix}r_{11} & r_{12} & \cdots & r_{1n}\\ r_{21} & r_{22} & \cdots & r_{2n}\\ \vdots & \vdots & \ddots & \vdots\\ r_{n1} & r_{n2} & \cdots & r_{nn}\end{bmatrix} \tag{1-13}$$

第二步，计算每一指标与其他 $n-1$ 个指标的相关系数的平方 r_i

$$\overline{r_i^2}=\frac{1}{n-1}\left(\sum_{j=1}^{n}r_{ij}^2-1\right) \tag{1-14}$$

则 $\overline{r_i^2}$ 粗略反映了 a_i 与其他 $n-1$ 个指标的相关程度。

第三步，比较 $\overline{r_i^2}$ 的大小，若有 $\overline{r_k}^2=\max\limits_{1\leqslant i\leqslant n}\overline{r_i^2}$，则可选取 a_k 作为 $a_1,a_2,\cdots,a_n$ 的典型指标，需要的话，还可以在余下的指标中继续选取。

1.4 指标数据的处理

1.4.1 指标类型的一致化方法

一般来说，在指标 $x_1,x_2,\cdots,x_m(m>1)$ 中，可能有“极大型”指标、“极小型”指标、“居中型”指标、“区间型”指标。对于某些定量指标，如产值、利润等，自然期望它们的取值越大越好，这类指标我们称之为极大型指标；对于成本、能耗这类指标，自然期望它们的取值越小也好，这类指标我们称之为极小型指标；诸如人的身高、体重等指标，我们既不期望它们的取值越大越好，也不期望它们的取值越小越好，而是期望它们的取值越居中越好，我们称这类指标为居中型指标；区间型指标是期望其取值以落在某个区间内为最佳的指标。根据指标的不同类型，对指标集 $X=(x_1,x_2,\cdots,x_m)(m>1)$ 可进行如下划分，即令

$$X=\bigcup_{i=1}^{4} X_i\text{，且 } X_i\cap X_j=\varnothing,i\neq j(i,j=1,2,3,4)$$

式中，$X_i(i=1,2,3,4)$ 分别为极大型指标集、极小型指标集、居中型指标集及区间型指标集；$\varnothing$ 为空集。

若指标 $x_1,x_2,\cdots,x_m(m>1)$ 中既有极大型指标、极小型指标，又有居中型指标或区间型指标，则必须在对各备选方案进行综合评价之前，将评价指标的类型进行一致化处理。否则，就无法定性地判断综合评价函数中的 y_i 是取值越大越好，还是取值越小越好，或是取值越居中越好。因此，也就无法根据 y_i 值的大小来综合评价备选方案的优劣。因此，需将指标进行类型一致化的处理。假设我们把所有的指标均极大化处理，则极小型、居中型、区间型指标的处理方法如下：

1. 极小型指标处理方法

对于极小型指标 x，令

$$x^*=M-x \quad \text{或} \quad x^*=\frac{1}{x}(x>0) \tag{1-15}$$

式中，M 为指标 x 的一个允许上界。

2. 居中型指标处理方法

对于居中型指标 x，令

$$x^*=\begin{cases}\dfrac{2(x-m)}{M-m}, & \text{若 } m\leqslant x\leqslant\dfrac{M+m}{2}\\ \dfrac{2(M-x)}{M-m}, & \text{若}\dfrac{M+m}{2}\leqslant x\leqslant M\end{cases} \tag{1-16}$$

式中，m 为指标 x 的一个允许下界，M 为指标 x 的一个允许上界。

3. 区间型指标处理方法

对于区间型指标 x，令

$$x^* = \begin{cases} 1.0 - \dfrac{q_1 - x}{\max(q_1 - m, M - q_2)}, & 若 x < q_1 \\ 1.0, & 若 x \in [q_1, q_2] \\ 1.0 - \dfrac{x - q_2}{\max(q_1 - m, M - q_2)}, & 若 x > q_2 \end{cases} \tag{1-17}$$

式中，$[q_1, q_2]$为指标 x 的最佳稳定区间，M, m 为指标 x 的一个允许上下界。

【例 1-1】 现有小明、小张、小王、小李四人某学期逃课次数统计，如表 1-1 所示，且都是极小型指标，现将其转换为极大型指标。

表 1-1 极小型指标转换成极大型指标

姓名	逃课的次数 x_i	转化后的逃课次数 x_i^*
小明	2	1
小张	0	3
小王	1	2
小李	3	0
指标类型	极小型	极大型

解：由表 1-1 中数据可知 $M=3$，小明、小张、小王、小李的逃课次数 x_1, x_2, x_3, x_4 分别为 2，0，1，3。

由公式 $x_i^* = M - x_i$，可得：

$$x_1^* = 3 - 2 = 1$$

$$x_2^* = 3 - 0 = 3$$

$$x_3^* = 3 - 1 = 2$$

$$x_4^* = 3 - 3 = 0$$

$x_1^*, x_2^*, x_3^*, x_4^*$ 分别是转换后的极大型指标。

【例 1-2】 确定水质的 pH 值是居中型指标，请将其转换为极大型指标。

表 1-2 居中型指标转换成极大型指标

pH 值(转换前)x_i	pH 值(转换后)x_i^*
5	0
6	1/2
7	1
8	1/2
9	0

解：由表 1-2 中数据可知 $M=9, m=5$，则

$$\frac{M+m}{2} = \frac{9+5}{2} = 7$$

由式(1-5)可知，

当 $m \leqslant x_i \leqslant \dfrac{M+m}{2}$ 时，$x_i^* = \dfrac{2(x_i - m)}{M - m}$

当 $\dfrac{M+m}{2} \leqslant x_i \leqslant M$ 时，$x_i^* = \dfrac{2(M - x_i)}{M - m}$

于是：

$$x_1^* = \frac{2(5-5)}{9-5} = 0$$

$$x_2^* = \frac{2(6-5)}{9-5} = \frac{1}{2}$$

$$x_3^* = \frac{2(7-5)}{9-5} = 1$$

$$x_4^* = \frac{2(9-8)}{9-5} = \frac{1}{2}$$

$$x_5^* = \frac{2(9-9)}{9-5} = 0$$

$x_1^*, x_2^*, x_3^*, x_4^*, x_5^*$ 分别是转换后的极大型指标。

【例 1-3】 人的正常体温在 36℃～37℃，体温是区间型指标，现有不同的体温数据(见表 1-3)，请将其转换为极大型指标。

表 1-3 区间型指标转换成极大型指标

体温(转换前)x_i	体温(转换后)x_i^*
35.2	0.428 6
35.8	0.857 1
36.6	1
37.1	0.928 6
37.8	0.428 6
38.4	0

解：由表 1-3 中数据可知，$M=38.4$，$m=35.2$，$q_1=36$，$q_2=37$。

则

$$\max\{36-35.2, 38.4-37\} = 1.4$$

由式(1-17)可知：

当 $x_i < q_1$ 时，$x_i^* = 1 - \frac{q_1 - x_i}{\max(q_1 - m, M - q_2)}$

当 $x_i > q_2$ 时，$x_i^* = 1 - \frac{x_i - q_2}{\max(q_1 - m, M - q_2)}$

可得

$$x_1^* = 1 - \frac{36-35.2}{1.4} = 0.428\ 6$$

$$x_2^* = 1 - \frac{36-35.8}{1.4} = 0.857\ 1$$

$$x_3^* = 1$$

$$x_4^* = 1 - \frac{37.1-37}{1.4} = 0.928\ 6$$

$$x_5^* = 1 - \frac{37.8-37}{1.4} = 0.428\ 6$$

$$x_6^* = 1 - \frac{38.4 - 37}{1.4} = 0$$

$x_1^*, x_2^*, x_3^*, x_4^*, x_5^*, x_6^*$ 分别是转换后的极大型指标。

1.4.2 定性指标的量化方法

在综合评价时，会遇到一些定性指标，对定性指标的相关信息不加以利用十分可惜，直接使用又有困难，通常总希望能使之量化，量化后的定性指标可与其他定量指标一起使用。

定性指标中有两类：名义指标与顺序指标。名义指标，实际上只是一种分类的表示，这类指标只能有代码，无法真正量化。顺序指标是可以量化的，如被评价对象的名次或确定对象属于某种等级等。顺序指标也需要对评判结果进行无量纲化处理，以便与其他指标的评价值一起综合利用。

如果已将全部对象按某一种性质进行了排序，通常用“$a > b$”表示“a 优于 b”，b 排在 a 的后面。全部对象共有 n 个，记为“$a_1, a_2, \cdots, a_n$”，并且不妨假定如下：

$$a_1 \prec a_2 \prec \cdots \prec a_n$$

现在的问题是如何对每个 a_i 赋予一个数值 x_i，使 x_i 能反映这一前后的顺序。设想这个顺序是反映了某一个难以测量到的量，如一个人感觉到疼痛的程度，从无疼痛感到有一点痛，到中等疼痛，一直到痛得受不了，可分成 n 种，记为 $a_1 \prec a_2 \prec \cdots \prec a_n$。这个疼痛的量是无法测量的，只能用比较来排出顺序，设想这个量 x 是客观存在的，可以认为它服从正态分布 $N(0,1)$，于是 $a_1, a_2, \cdots, a_n$ 分别反映了 x 在不同范围内人的感觉，设 x_i 是相应于 a_i 的值，由于 a_i 在全体 n 个对象中占第 i 位，即小于等于它的成员有 $\frac{i}{n}$，因此，若取 y_i 为正态分布 $N(0,1)$ 的 $\frac{i}{n}$ 分位数，即

$$P(x < y_i) = \frac{i}{n}, \quad i = 1, 2, \cdots, n-1 \tag{1-18}$$

那么 $y_1, y_2, \cdots, y_{n-1}$ 将 $(-\infty, +\infty)$ 分成了 n 段，如图 1-1 所示。

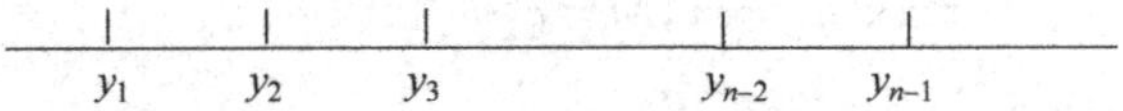

图 1-1 定性指标排序

很明显，a_i 表示它相应的 x_i 值应在 (y_{i-1}, y_i) 这个区间内，至于 (y_{i-1}, y_i) 中选哪一个作为代表更好，自然要考虑概率分布，比较简便的操作方法就是选中位数，即 x_i 满足：

$$P(x < x_i) = \frac{i-1}{n} + \frac{1}{2}\frac{1}{n} = \frac{i-0.5}{n}, \quad i = 1, 2, \cdots, n \tag{1-19}$$

其中，x 服从 $N(0,1)$ 分布。于是，利用正态概率表，很快就可以查出相应的各个 x_i，这样就把顺序变量定量化了。把这个方法稍作推广，就可以处理等级数据的量化。

如对被评价对象已经评出名次的，可计算名次百分数，计算公式如下：

$$x\text{ 名次百分数} = 100 - \frac{100}{n}(x - 0.5) \tag{1-20}$$

公式中 x 表示被评价对象所得名次；n 是全部被评价对象个数。

这种处理实质上是把名次变成被评价对象在百分数内相对数位置的一种方法。

公式中减 0.5 是由名次与百分数中所占位置的不一致所决定的。$(x-0.5)$可以避免出现最后一名被评价对象的名次百分数为零的局面，保证第一名从$\left(100-\frac{100}{2n}\right)$开始，与其他名次均匀地分布在百分位中。

公式中$\frac{100}{n}$实际上是各名次间相对位置的间隔长度，若 $n=100$，则间隔长度为 1；若 $n=50$，则间隔长度为 2，将间隔长度$\frac{100}{n}$与所占位置$(x-0.5)$相乘则反映了该名次在所有被评价对象中的地位。

由于名次序数与评价得分是逆向变化的，即名次序数越小，得分应越多，所以要采用“倒扣”处理，用 100 减去间隔长度与所占位置之积。所得结果就是被评价对象在整体中的相对地位，若甲被评价对象在该指标上是 9 分的话，则乙被评价对象为 90 分。

在社会经济统计中，有时只能根据被评价事物的质量划定其所属等级，而不能直接用数量指标来表示。这时也需要对其进行无量纲化处理，以便与其他指标相综合，得到整体性评价。

当被评价的单位较多，评价的等级具有正态分布趋势时，可采用如下方法将评定等级化成标准百分数。这种方法的基本思想是：找出各个等级的百分比在正态分布中所占面积的代表值的位置，把这一位置与平均数的距离用标准差表示出来，作为这一等级的标准分数，再由标准分数变成标准百分数，如表 1-4 所示。

表 1-4　等级标准分数

等级	优	良	中	中下	下等
各等级单位数占总数的百分比	10%	25%	40%	20%	5%

确定各等级的分数时，可用各等级的分布百分比数值，查《正态分布各区间的中点值》表(其中“中”这一等级需要进行推算)。查得结果稍加处理就可以得到表 1-5。

表 1-5　标准百分数

等级	优	良	中	中下	下等
标准分数	1.76	0.78	−0.13	−1.07	−2.10
标准百分数	67.6	67.8	48.7	39.3	29

按照这种方法，等级分越多，计算结果就越准确。

1.5　评价指标权重的确定

所谓权重是以某种数量形成对比、权衡被评价事物总体中诸因素相对重要程度的度量值。评价指标的权重也即各个评价指标在整个评价指标体系中相对重要性的数量表示，权重确定的合理与否对综合评价结果和评价工作质量有决定性影响，权重值的变动可能引起被评价对象优劣顺序的改变。因此，科学地确定权重在综合评价中具有决定性的作用。

从权重的属性来看，可以将其分为以下几类：

(1) 从含有信息的多少来考虑。有关的信息多，权重就大；有关的信息少，权重就小。

(2) 从指标的区分对象能力来考虑。综合评价，就是将评价对象予以区别，并排出先后次序，所以一个指标从区别这些对象的性质来看，能力强的就应重视；能力弱的，就不应重视。这种权重又被称为敏感性权重。

当然，从不同的角度考虑，可以有多种分类办法。例如，指标数值的质量如何，也就是指数据的可信度差异，质量好的权重应该大一些，质量差的权重就要小一些。又如从统计的观点看，相关性大的指标反映的实际上是同一个内容，不相关的指标才反映了真正不同的内容，所以在赋权时要考虑这些差别。

对实际问题在确定各指标的权重时，从大的方面来说有主观赋权法和客观赋权法两种。无论是主观赋权法还是客观赋权法都有一些具体的方法。比较常用的赋权方法主要有以下 3 种。

1.5.1 德尔菲法

德尔菲法又称专家咨询法，其特点在于集中专家的经验与意见，确定各指标的权重，并在不断地反馈和修改中得到比较满意的结果，其基本步骤如下：

第一步，选择专家。这是很重要的一步，专家选得好不好将直接影响结果的准确性。一般情况下，可以选本专业领域中既有实际工作经验又有较深理论修养的 10～30 位专家，并须征得专家本人的同意。

第二步，将待定权重的 p 个指标和有关资料以及统一确定权重的规则发给选定的专家，请他们独立地给出各指标的权重值。

第三步，回收结果并计算各指标权重的均值与标准差。

第四步，将计算的结果及补充资料返还给各位专家，要求所有的专家在新的基础上重新确定权重。

第五步，重复上述第三步和第四步，直至各指标权重与其均值的离差不超过预先给定的标准为止，也就是各专家的意见基本趋于一致，以此时各指标权重的均值作为该指标的权重。

此外，为了使判断更加准确，让评价者了解已确定的权重把握性的大小，还可以运用“带有信任度的德尔菲法”，该方法需在上述第五步每位专家给出最后权重值的同时，标出各自所给权重值的信任度，并求出平均信任度。这样如果某一指标权重的信任度较高，就可以有较大把握使用它；反之，只能暂时使用或设法改进。

德尔菲法是一个调查、征集意见、汇总分析、反馈、再调查不断反复的过程。专家们处于互不知情的隔离状态，每个人的信息是自己的知识、经验、专长以及调查机构反馈给他们的汇总情况的集中体现，这就便于集中智慧。因此，不少方法也都或多或少地借用这一想法，反复比较、协调，以求得较好的结果和比较一致的意见。

1.5.2 相邻指标比较法

相邻指标比较法往往与德尔菲法结合使用，在发给专家征询意见表时，为了便于专家考虑，通常先将所选的指标按一定标准排好顺序，如下：

$$x_1, x_2, \cdots, x_k \ (k > 1)$$

然后，让专家填一张表（见表 1-6），把 x_2 与 x_1 相比，x_3 与 x_2 相比，…，x_k 与 x_{k-1} 相比，相比的重要性的值列在第 3 列。ω_i' 从第 3 列的值可以算出，它表示各个指标与 x_1 相比的重要性。由于 x_i 总是与上一个 x_{i-1} 相比，因此 g_i 表示 x_i 与 x_{i-1} 相比的重要性。

表 1-6　指标相对重要性衡量

指标(1)	参考指标(2)	相对重要性 $\frac{(1)}{(2)}=g_i$	权 ω_i'	归一化权 ω_i
x_1	x_1	$1(g_1)$	1	ω_1
x_2	x_1	$1.2(g_2)$	1.2	ω_2
x_3	x_2	⋮	⋮	⋮
⋮	⋮			
x_k	x_{k-1}	$2.5(g_k)$	ω_k'	ω_k
合计	—	—	$\sum\omega'_i$	1

$$\omega_i'=\prod_{j=2}^{i}g_j=g_2g_3\cdots g_i,\quad i=2,3,\cdots,k \tag{1-21}$$

而 ω_i 是将 ω_i' 归一化，注意 $\omega_1'=g_1=1$，

$$\omega_i=\omega_i'\Big/\sum_{j=1}^{k}\omega_j',\quad j=1,2,\cdots,k \tag{1-22}$$

相邻指标相比，一是为了方便，一次比较两个指标就可以了；二是为了求 ω_i' 时方便，只需将前面的 g_j 的值乘以 g_i。

当然，也可以只给专家指标 $x_1,x_2,\cdots,x_k(k>1)$，让专家自己去排一个次序，逐步比较。从上面的介绍就可以看出，这个比较顺序，并不要求后一个比前一个重要（即 $g_i\geqslant1$），关键是两者要便于比较。让专家自己去排一个比较的次序，其目的也在于此。当然，有时为了便于汇总各个专家的意见，可以指定一个指标为 x_1，它是各个专家进行比较的基准。

【例 1-4】 某学校进行教师整体素质评选，影响评价的因素有“A：群众关系”“B：工作态度”“C：科研能力”“D：教学能力”。这四项指标的重要性程度之比为 A∶B∶C∶D=1∶1.5∶3∶4.5。请用相邻指标比较法计算其权重。计算过程如表 1-7 所示。

表 1-7　相邻指标比较法计算结果

指标	参考指标	相对重要性	权 ω_i'	归一化权 ω_i
A	A	$\frac{A}{A}=1$	1	$\frac{1}{6}=0.17$
B	A	$\frac{B}{A}=1.5$	1.5	$\frac{1.5}{6}=0.25$
C	B	$\frac{C}{B}=2$	2	$\frac{2}{6}=0.33$
D	C	$\frac{D}{C}=1.5$	1.5	$\frac{1.5}{6}=0.25$
合计	—	—	6	1

1.5.3 统计方法

从收集到的指标的数据来看,数据本身提供的信息中也能确定合适的权重,常见的有:用方差的倒数为权,用变异系数为权,用复相关系数的倒数为权等。这些方法的理论根据是统计中关于综合预测有如下定理:

定理 1-1 设 $y_1,\cdots,y_k$ 分别为真值 θ 的预测值,它们是相互独立的,并且 $Ey_i=\theta$,$\mathrm{Var}(y_i)=\sigma_i^2$,则它们的加权平均预测值 $\sum_{i=1}^{k}\omega_i y_i$,在 $\omega_i=\sigma_i^{-2}\Big/\sum_{j=1}^{k}\sigma_j^{-2}$,$i=1,2,\cdots,k$ 时,相应的方差 $\mathrm{Var}\left(\sum_{i=1}^{k}\omega_i y_i\right)$ 达到最小值。

证明:利用 y_i 的独立性,

$$\mathrm{Var}\left(\sum_{i=1}^{k}\omega_i y_i\right)=\sum_{i=1}^{k}\omega_i^2\sigma_i^2 \triangleq f(\omega_1,\cdots,\omega_k) \tag{1-23}$$

注意到约束条件:

$$\sum_{i=1}^{k}\omega_i=1,\quad \omega_i>0,\quad i=1,2,\cdots,k \tag{1-24}$$

因此,这是一个条件极值问题。用拉格朗日乘子法,令

$$F(\omega_1,\cdots,\omega_k)=\sum_{i=1}^{k}\omega_i^2\sigma_i^2-2\lambda\left(\sum_{i=1}^{k}\omega_i-1\right) \tag{1-25}$$

则有:

$$\frac{\partial F}{\partial \omega_i}=0,\quad 2\omega_i\sigma_i^2-2\lambda=0,\quad i=1,2,\cdots,k \tag{1-26}$$

因此

$$\omega_i=\lambda\sigma_i^{-2},\quad i=1,2,\cdots,k \tag{1-27}$$

由式(1-24),可求得

$$\lambda=\left(\sum_{j=1}^{k}\sigma_j^{-2}\right)^{-1} \tag{1-28}$$

于是

$$\omega_i=\left(\frac{1}{\sigma_i^2}\right)\Big/\sum_{j=1}^{k}\left(\frac{1}{\sigma_j^2}\right),\quad i=1,2,\cdots,k \tag{1-29}$$

定理表明,用方差的倒数作为权来综合各种相互独立的预测,效果好(方差达到最小)。然而,综合评价与预测还不一样,所以方差小的这个准则并不适用。于是就派生出变异系数法、复相关系数法。一组数据的变异系数是它的标准差除以均值的绝对值,即对数据

$$z_1,z_2,\cdots,z_n$$

记:

$$\bar{z}=\frac{1}{n}\sum_{i=1}^{k}z_i,\quad s_z=\left(\frac{1}{n-1}\sum_{i=1}^{k}(z_i-\bar{z})^2\right)^{1/2} \tag{1-30}$$

则

$$v_z=s_z/|\bar{z}| \tag{1-31}$$

就是 $z_1, z_2, \cdots, z_n$ 的变异系数。

于是对选取的指标 $x_1, x_2, \cdots, x_k (k>1)$，利用被评价对象的数据，各个指标都有各自的变异系数。为了方便，用 ν_i 表示 x_i 的变异系数，$i=1,2,\cdots,k$，此时，x_i 相应的权就是 $\frac{\nu_i}{\sum_{i=1}^{n}\nu_i}$。这种加权的方法是为了突出各指标的相对变化幅度，从评价的目的来看，就是区别被评价的对象，ν_i 的值大，表示 x_i 在不同的对象上变化大，区别对象能力强，所以应给予重视。

另一种是考虑复相关系数，每一个被选取的指标 x_i，用其余的指标对它的相关程度——复相关系数 $\rho_{x_i} | x_1, x_2, \cdots, x_{i-1}, x_{i+1}, \cdots, x_k$ 来考虑时，复相关系数简记为 ρ_i，这反映了非 x_i 的那些指标能替代 x_i 的能力。当 $\rho_i=1$ 时，x_i 可以去掉，因为用非 x_i 的值就可定出 x_i 的值；当 ρ_i 很小时，非 x_i 的值并不能代替它，所以用 $\frac{1}{|\rho_i|}$ 作为权是合适的，它就是复相关系数倒数的绝对值。

思考题

1. 什么是综合评价？如何描述综合评价问题？
2. 简述综合评价的具体步骤。
3. 简述建立指标体系的原则。
4. 什么是权重？如何确定指标权重？
5. 简述德尔菲法。
6. 如何确定指标体系？简述建立指标体系时应注意的事项。
7. 如何选择评价方法？
8. 在现实生活中，往往会遇到这样的问题：如何在 4 位候选人中选出一位"标准"人，取 4 项评价指标分别为年龄、身高、体重和对称性(指双手、双脚、双耳等人体器官的对称)，依次记为 x_1, x_2, x_3, x_4，并且已取得了这 4 位候选人的原始指标值，如表 1-8 所示。如果把这个任务交给你，你认为怎样做才能得出正确的结果？

表 1-8　原始指标值

候选人	x_1(年龄/岁)	x_2(身高/米)	x_3(体重/公斤)	x_4(对称性)
甲	29	1.81	65	0.90
乙	31	1.72	75	0.95
丙	40	1.66	90	0.85
丁	21	1.90	85	0.85

【在线测试题】　扫描书背面的二维码，获取答题权限

扫描此码　在线自测

第2章

评价指标的无量纲化方法

评价指标体系中的各个评价指标，由于其量纲、经济意义、表现形式以及对总目标的作用趋向各不相同，所以不具有可比性，必须对其进行无量纲化处理，消除指标量纲影响后才能计算综合评价结果。去掉指标量纲的过程，被称为数据的无量纲化，它是指标进行综合的前提。如果把指标无量纲化以后的数值称为指标评价值，那么无量纲化过程就是指标实际值转化为指标评价值的过程，无量纲化方法也就是指如何实现这种转化，它是通过数学变换来消除原始变量(指标)量纲影响的方法。从数学角度讲，就是要确定指标评价值依赖于指标实际值的一种函数关系式。无量纲化方法有很多种，但从几何角度可以将其归纳为三类：直线型无量纲化方法、折线型无量纲化方法、曲线型无量纲化方法。

2.1 直线型无量纲化方法

直线型无量纲化方法是在将指标实际值转化为不受量纲影响的指标评价值时，假定二者之间呈线性关系，指标实际值的变化会引起指标评价值一个相应比例的变化。常用的直线型无量纲化方法有以下三种：

2.1.1 阈值法

阈值也称临界值，是衡量事物发展变化的一些特殊指标值，如极大值、极小值、满意值、不允许值等。阈值法是用指标实际值与阈值相比以得到指标评价值，主要公式及特点如表 2-1 所示，其中 n 为参评单位的个数。实际上在多数情况下，所有的指标值均大于 0，故统一按 $x_i>0$ 来处理。若有部分 $x_i\leqslant 0$，公式仍然适用。表 2-1 中公式 4 和公式 5 实质是一样的，只不过评价值的范围有所变化，可以用同样的方法将前几个公式的评价值范围调整到我们希望的范围内。表 2-1 中公式 2 和公式 3 适合于处理指标体系中的逆指标，如经济效益评价中的成本类指标、社会效益评价中的资源耗费类指标等。当然，我们也可以事先将其转化为正指标，然后再与其他指标一起进行无量纲化。需要指出的是，如果我们所选取的评价指标都是正指标或都是逆指标，则在一次综合评价中对所有指标应采取同一种无量纲化公式。如果在评价中既有正指标，又有逆指标，且不作逆指标转化处理的话，则应对正、逆指标分别采取两种相互对应的无量纲化公式。所谓相互对应的公式是指两种公式得到的评价值范围应是一致的，这样才可以进行综合。比如，表 2-1 中公式 1 和公式 2、公式 3 和公式 4 都是相互对应的，将公式 3 稍稍变形就可得到与公式 5 对应的公式。

表 2-1　运用阈值法进行指标无量纲化处理的主要公式、影响评价值因素、评价值范围等

序号	公　式	影响评价值因素	评价值范围	几何图形	特　点
1	$y_i=\dfrac{x_i}{\max x_i}$	$x_i, \max x_i$	$\left[\dfrac{\min x_i}{\max x_i}, 1\right]$	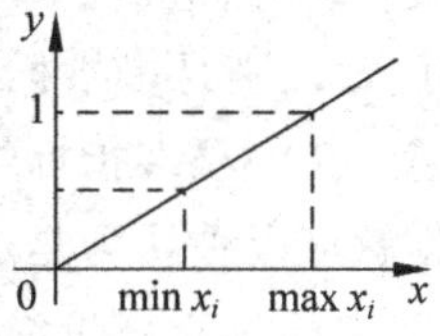	评价值随指标值增大，若指标值均为正，则评价值不可能为零，指标最大值的评价值为 1
2	$y_i=\dfrac{\max x_i+\min x_i}{\max x_i}$	$x_i, \max x_i, \min x_i$ $x_i>0$	$\left[\dfrac{\min x_i}{\max x_i}, 1\right]$	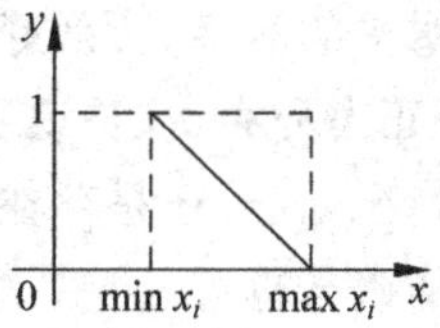	评价值随指标值增大而减小，适合于对逆指标进行无量纲处理，即无量纲化和指标转化同时进行
3	$y_i=\dfrac{\max x_i-x_i}{\max x_i-\min x_i}$	$x_i, \max x_i, \min x_i$	$[0,1]$	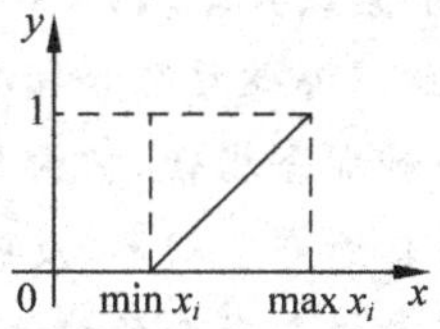	同上
4	$y_i=\dfrac{x_i-\min x_i}{\max x_i-\min x_i}$	同上	$[0,1]$	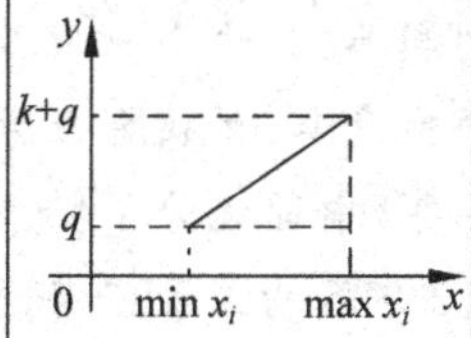	评价值随指标值增大而增大，指标最小值的评价值为零，指标最大值的评价值为 1
5	$y_i=\dfrac{x_i-\min x_i}{\max x_i-\min x_i}$	$x_i, \max x_i, \min x_i$ k, q	$[q, k+q]$	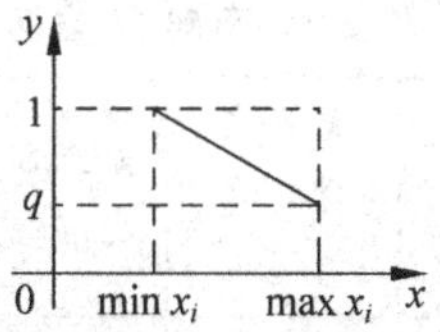	评价值随指标值增大而增大。指标最小值的评价值为 q，指标最大值的评价值为 $k+q$

在运用阈值法进行无量纲化处理时，阈值参数的确定对综合评价结果也有相当大的影响。比如，把阈值差定得太大，评价值对指标变化的反映就不灵敏，从而减少评价结果的区分效度；把阈值差定得过小，又使得评价值分布不正常，超出常规范围，不符合实际。

因此，阈值参数的确定要把握好以下几点：

(1) 具体情况、具体分析。阈值参数的确定要以社会经济现象实际状况为依据，要根据与评价对象有关的空间范围资料和历史资料为基础。比如，同行业某项经济效益的历史最好水平，一定条件下损亏平衡点的销售量等，就可以作为阈值或折点的参考依据。

(2) 阈值参数的确定还要注意到社会经济现象的发展变化趋向，把变化估计数值作为制定时的参考。比如，在生活质量指数中，一岁期望寿命最高值就是在世界最高水平的基础上再加上两岁得到的；婴儿死亡率最低值(7‰)是在世界最低水平基础上再减去 1‰所得到的。这种考虑发展余地的处理，会使阈值参数相对稳定，便于综合评价结果的动态对比。

(3) 阈值参数的确定应具有一定的调节和管理作用。为此,可考虑把国家(地区、部门)社会经济管理中的规划值、计划值等标准数据作为阈值参数,这样有助于评价对象按国家、地区、部门的要求。这样处理也符合多指标综合评价的根本要求,因为在进行指标综合评价时,不能仅仅考虑评价对象自身,还要从更大系统的角度把它作为一个子系统来认定其综合水平,这时就需要以大系统的标准化数据作为参照系。

(4) 阈值参数的确定以满足多指标综合评价的基本要求为准。任何事物的发展都不是平衡的,都有例外情况。在一项多指标综合评价中,假若阈值参数确定对多数评价对象都是适宜的,那么确定工作就可以被认为是成功的。

(5) 阈值参数确定中要注意评价结果的反馈和调整。一般来说,事物发展大多是呈正态分布的,处于中等水平的居多,特别好的较少,十分差的也较少。如果阈值参数确定后,评价结果可以达到这种正态分布,往往说明了确定的阈值参数比较准。反之,若是呈现偏态分布,就要考虑是实际情况如此,还是存在其他问题。

总之,阈值参数的确定也可以是一个"错了再试"的摸索、调整、逐步优化的过程。先确定一个值进行试算,根据试算结果,可再进行调整,不断试算调整,直至比较合乎实际为止。

【例 2-1】 以工业经济效益综合指数为例来说明阈值法的应用。该指标是用于衡量工业经济效益水平的一种综合指数,它由 7 个指标组成:工业增加值率(反映企业全部产出中所能得到的增加值)、总资产贡献率(反映企业全部资产的获利能力)、资产负债率(反映企业经营风险大小和运用债权人资金的能力)、流动资产周转次数(反映企业投入的流动资金周转速度)、成本费用利润率(反映企业投入的成本费用的经济效益,也反映降低成本所取得的经济效益)、全员劳动生产率(反映企业劳动投放的经济效益)和产品销售率(反映企业销售情况)。现根据 2018 年《中国统计年鉴》全国各地区大中型工业企业主要经济效益指标数据(见表 2-2),对西部 12 省区的工业经济总体效益进行评价。

表 2-2 西部 12 省区大中型工业企业主要经济指标(X_i)

序号	地区	工业增加值率(%)	总资产贡献率(%)	资产负债率(%)	流动资产周转次数(次/年)	成本费用利润率(%)	全员劳动生产率(元/人·年)	产品销售率(%)
1	山西	36.99	4.3	63.3	0.85	1.97	21 606.8	98.38
2	内蒙古	37.58	5.55	60.53	1.09	0.35	27 562.18	99.79
3	重庆	28.08	4.92	66.49	1.01	−1.6	26 382.82	97.98
4	四川	35.05	5.99	62.26	0.99	2.06	31 246.74	97.28
5	贵州	35.98	7.64	67.39	0.81	1.13	29 213.96	96.48
6	云南	56.3	20.54	50.24	1.3	10.65	87 354.42	99.39
7	西藏	44.89	3.47	33.09	1.49	3.8	24 556.53	102.78
8	陕西	35.09	6.08	68.05	0.98	1.25	28 296.27	97.44
9	甘肃	32.16	4.6	69.12	0.98	−1.46	26 680.38	98.53
10	青海	33.75	5.36	64.52	0.98	1.79	34 592.7	98.64
11	宁夏	31.58	4.99	60.57	0.98	0.97	25 639.25	95.31
12	新疆	44.88	6.74	61.21	1.17	1.32	57 167.31	98.24

在构建综合评价指数对事物的发展状况进行综合评价时需要解决两个问题,一是指标

的无量纲化处理；二是权数的构造。

(1) 无量纲化处理。指标无量纲化处理极其重要，原始指标体系中所包含的各指标往往具有不同计量单位，为了消除量纲的影响，在构建综合指数时，应将不同单位表示的指标进行转换，以解决不同计量单位的指标之间的综合问题。指标转换的方法很多，每种方法各有不同的特点和应用的场合。本例采用阈值法中极值法进行标准化。对各指标实际值按表 2-1 中公式 4 进行无量纲化处理，得到标准化值(见表 2-3)。

表 2-3 西部 12 省区大中型工业企业主要经济指标(X_i)的标准化值(Z_i)

		工业增加值率(%)	总资产贡献率(%)	资产负债率(%)	流动资产周转次数(次/年)	成本费用利润率(%)	全员劳动生产率(元/人·年)	产品销售率(%)
指标权数		0.173 4	0.184 2	0.056 4	0.182 4	0.172 3	0.148 6	0.082 7
1	山西	0.42	0.05	0.8	0.04	0.2	0.25	0.41
2	内蒙古	0.44	0.12	0.72	0.3	0.11	0.33	0.6
3	重庆	0.15	0.08	0.88	0.22	0	0.32	0.36
4	四川	0.36	0.15	0.77	0.2	0.21	0.38	0.26
5	贵州	0.39	0.24	0.9	0	0.15	0.35	0.16
6	云南	1	1	0.45	0.53	0.69	1.11	0.55
7	西藏	0.66	0	0	0.74	0.3	0.29	1
8	陕西	0.36	0.15	0.92	0.18	0.16	0.34	0.29
9	甘肃	0.27	0.07	0.95	0.18	0.01	0.32	0.43
10	青海	0.32	0.11	0.83	0.18	0.19	0.42	0.45
11	宁夏	0.26	0.09	0.72	0.18	0.14	0.31	0
12	新疆	0.66	0.19	0.74	0.39	0.16	0.72	0.39

(2) 构造标准差权数。

① 各指标标准值的均值如下：

$$Z_j = E(Z_{ij}) = \frac{1}{n}\sum_{i=1}^{n} Z_{ij} \tag{2-1}$$

② 各指标标准值的标准差如下：

$$\sigma_j = \sqrt{\sum_{i=1}^{n}(Z_{ij} - Z_j)^2} \tag{2-2}$$

③ 各指标标准值的标准差系数如下：

$$V_j = \frac{\sigma_j}{Z_j} \tag{2-3}$$

④ 各指标的权数如下：

$$W_j = \frac{V_j}{\sum_{j=1}^{n} V_j} \tag{2-4}$$

按标准差系数权数法确定权数，如表 2-4 所示。

表 2-4 各经济指标权数

	工业增加值率(%)	总资产贡献率(%)	资产负债率(%)	流动资产周转次数(次/年)	成本费用利润率(%)	全员劳动生产率(元/人·年)	产品销售率(%)
指标权数(W_i)	0.173 4	0.184 2	0.056 4	0.182 4	0.172 3	0.148 6	0.082 7

按照如下综合评价指数：

$$I=\sum_{j=1}^{n}W_jZ_j \tag{2-5}$$

将七项指标进行综合，得到各地区工业经济效益总指数并对应排名(见表 2-5)。

表 2-5 各地区工业经济效益总指数

排名	省区	综合指标(%)	在全国排名位次
1	云南	81	1
2	西藏	43	8
3	新疆	43	9
4	内蒙古	31	18
5	青海	29	22
6	四川	28	23
7	陕西	28	24
8	贵州	26	25
9	山西	24	27
10	甘肃	23	29
11	重庆	21	30
12	宁夏	21	31

从排名上看，云南、西藏及新疆边远落后地区位列前三，这是否符合实际情况呢？工业经济效益七项指标除资产负债率外，其余六项均为正指标，指标越大，效益越好；资产负债率保持在 50%是比较理想的状态，这三个地区的资产负债率分别为 45%、0 和 74%。现将三个地区的工业经济效益其余六项指标分别进行排序，如表 2-6 所示。

表 2-6 云南、西藏、新疆工业经济效益其余六项指标排序

地区	工业增加值率(%)	总资产贡献率(%)	流动资产周转次数(次/年)	成本费用利润率(%)	全员劳动生产率(元/人·年)	产品销售率(%)
云南	1	1	12	2	3	4
西藏	3	31	6	9	29	1
新疆	4	14	17	22	6	15

不难看出，云南在六项指标中有两项处于首位，其他三项分别排在第二、第三和第四位，最低的一项指标排在第十二位；西藏和新疆除有两项较落后，其余各项基本排在前列。如果统计数据不存在登记性误差，根据实际数据所计算的综合指标基本反映了实际情况。可

见仅凭工业经济效益尚不足以反映地区的先进与落后。随着经济的不断发展，第三产业发展得如何，已成为地区发展的重要标志。

【例 2-2】 以 2004 年北京、天津、上海大中型工业企业的利润总额、总资产贡献率、流动资产周转次数这三个主要经济效益指标为例，分别以表 2-7 中的原始数据采用阈值法(表 2-1 中公式(4)的无量纲化公式)进行聚类分析，计算三个样本城市的欧氏距离平方(见表 2-8)。

表 2-7 2004 年大中型工业企业主要经济指标

城市	利润总额(亿元)	总资产贡献率(%)	流动资产贡献次数(次/年)
北京	210.09	9.76	2.01
天津	332.73	14.73	2.54
上海	764.21	13.80	2.11

表 2-8 不同样本组合欧氏距离平方

样本组合	欧氏距离平方	
	原始数据	公式(4)无量纲化数据
北京～天津	15 065.65	2.049
北京～上海	307 065.4	1.697
天津～上海	186 176	1.299

从表 2-7、表 2-8 中可以看出，利用原始数据分析时，北京与天津的关系最为密切、最相近，其次是天津与上海，最后是北京与上海，说明利润总额这一指标起了主要作用，其权数较大；将原始数据按阈值法无量纲化处理后再分析时，天津与上海的关系最为密切，其次是北京与上海，最后是北京与天津。由于选取的样本个数较少，标准化后的指标值又界于 0～1 之间，这时三个指标的权重近似相同，从而降低了利润总额这一指标的权重，提高了其他两个指标的权重。

2.1.2 标准化法

统计学理论告诉我们，要对多组不同量纲的数据进行比较，可以先将它们分别标准化，转化成无量纲的标准化数据。而综合评价就是要将多组不同的数据进行综合，因而可以借助于标准化法来消除数据量纲的影响。标准化公式如下：

$$y_i = \frac{x_i - \bar{x}}{s} \tag{2-6}$$

$$\bar{x} = \frac{1}{n}\sum_{i=1}^{n} x_i \tag{2-7}$$

式(2-7)中：

$$s = \sqrt{\frac{1}{n-1}\sum_{i=1}^{n}(x_i - \bar{x})^2} \tag{2-8}$$

无论指标实际值如何，指标的评价值总是分布在零的两侧。指标实际值比平均值大的，其评价值为正；反之，则为负。实际值距平均值越远，则其评价值距零越远。这种方法与阈值法最大的不同在于：第一，它利用了原始数据的所有信息；第二，它要求样本数据较多；

第三，它的评价值结果超出[0,1]区间，有正有负。为了更符合习惯，可以将其转化为百分数形式，比如用式(2-9)表示：

$$
\begin{aligned}
y_i &= 60 + \frac{x_i - \bar{x}}{10s} \times 100 \\
&= 60 + \frac{x_i - \bar{x}}{s} \times 10
\end{aligned}
\tag{2-9}
$$

均值为 60，超过均值的转化为 60 以上，反之则在 60 以下。这种“百分数”还不同于一般的百分数，因为个别极端数值的转化值可能超出[0,100]区间。另外，有的也将均值转化为 50。

【例 2-3】 通常认为，考试成绩是一种分数，其本身没有单位，而且都是百分制，因此不必要进行无量纲化。事实上，这种看法是有误的。由于不同科目的试题难易程度不一、教师评卷宽严尺度不一，其分数的“含金量”并不一致，因而不能直接相加。以某校某班甲、乙两位同学在 2018—2019 年度上学期三门实验课成绩为例，请用标准化法综合评价甲、乙两位同学的专业基础素质。利用计算标准差的有关公式，对相关数据分别进行标准化处理，计算结果如表 2-9 所示。

表 2-9 甲、乙两位同学实验课成绩及标准化

科目	原始分数		全体考生		无量纲化结果	
	甲	乙	均值	标准差	甲	乙
鱼类学	86	88	86.42	3.20	58.69	69.94
生物化学	80	76	81.0	2.94	56.6	42.99
水生生物	96	98	87.38	6.44	73.39	76.49
总计	262	262			188.68	189.42

从表 2-9 中看出，甲、乙两位同学的生物化学实验课成绩、甲同学的鱼类学实验课低于全班平均成绩，其转化后实验课成绩指标得分值低于 60；甲、乙两位同学的三门实验课原始分数的总数相比较，甲同学和乙同学在本班排序相同，但是将三门实验课标准化处理后，乙要优于甲。对甲、乙两位同学实验课原始成绩的不同处理方法，导致了不同的评价结果。

【例 2-4】 某校在对教师进行考核时，其考核方法为根据教师所任教班级的学生打分和由学校领导、教师代表组成的考核小组打分各占 50% 的比例进行综合。现选择其中 10 位教师的得分，如表 2-10 所示。请用标准化方法评价 10 位教师的综合素质。

表 2-10 教师得分情况

教师编号	1	2	3	4	5	6	7	8	9	10
学生打分	81.3	94.7	84.7	95.2	93.2	98.5	92	86.5	89.9	84.6
考核小组打分	90.3	93.5	91.1	94	94.5	93.6	91.5	90.4	93	91.7

一般来说，类似由主观打分的综合评价问题，不应保留指标的变异信息，而应消除指标的变异信息。用标准化法就能消除指标的变异信息，使两种打分起同等作用。用此法可得各教师的综合考核得分及名次，如表 2-11 所示。

表 2-11 标准化方法考核结果

教师编号	1	2	3	4	5	6	7	8	9	10
综合考核分	−1.45	0.79	−0.89	0.99	0.98	1.16	−0.11	−0.96	0.19	−0.7
名次	10	4	8	2	3	1	6	9	5	7

2.1.3 比重法

比重法是将指标实际值转化为它在指标值总和中所占的比重，主要公式有

$$y_i = \frac{x_i}{\sum_{i=1}^{n} x_i} \tag{2-10}$$

$$y_i = \frac{x_i}{\sqrt{\sum_{i=1}^{n} x_i^2}} \tag{2-11}$$

式(2-10)适用于指标值均为正数的情况，且评价值之和满足

$$\sum_{i=1}^{n} y_i = 1 \tag{2-12}$$

式(2-11)适合于指标值有负值的情况，一般情况下，指标评价值不满足式(2-12)，而是满足：

$$\sum_{i=1}^{n} y_i^2 = 1 \tag{2-13}$$

以上三种常用的直线型无量纲化方法，其最大特点是简单、直观。直线型无量纲化方法实质是假定指标评价值与实际值呈线性关系，评价值随实际值等比例变化，也就是说指标值在不同区间内变化对被评价事物的综合水平影响是一样的，即在事物发展的前期和后期，指标值相同的变化量引起评价值的变化量是相同的。而这一点与事物发展变化的实际情况往往并不符合，这是直线型无量纲化方法的最大缺陷。

【例 2-5】 洁净煤技术种类较多，国家高技术研究计划项目“洁净煤技术的评价方法及技术研究”，在技术—经济—环境相结合的基础上，构建了由技术、经济、环境、社会四个一级指标和多个二、三级指标组成的洁净煤技术综合评价体系，如表 2-12 所示。请应用比重法计算综合指标值，完成对各项指标的定量评价。

表 2-12 技术指标量纲

准则层	因子层	指标层	量纲
技术指标	效率	总能效/转化率	%
	资源消耗	水耗	t/GJ
		电耗	kWh/GJ
	技术成熟度	国内发展阶段	无
	技术适应性	市场占有情况	%
		经济承受能力	无
		资源适应性	无
		媒质适应度	无

项目研究中，评价指标体系既有定量指标，也有定性指标，并且定量指标量纲不同，无法直接加和出综合指标值，也无法对多种技术直接进行综合比较。因此，在计算综合指标值之前，必须对指标进行无量纲化处理。

(1) 同趋化处理。该指标体系由多个定性指标和多个定量指标构成，且部分指标呈负向性。为使无量纲化处理结果具有可比性、可加性，在处理之前，需要对数据进行同趋化处理，即将负向性指标和正向性指标统一处理为正向性指标或负向性指标。该体系中，环境指标的 CO_2、SO_2、NO_X、TSP、固体废弃物与废水的排放等指标和技术指标中的水耗、电耗等是负向性指标，其他指标均为正向性，故选择负向指标正向化，以使处理后指标有可加性。考虑到比较的一致性，统一采用归一化进行同趋化处理：

$$X_i = \frac{\max\{X_i\} - X_i}{\max\{X_i\} - \min\{X_i\}} \quad (i = 1, 2, \cdots, n) \tag{2-14}$$

同趋化处理后，原始数值由越小越好，变成处理后的越大越好，且保留原始值的信息差异。同时，由于进行了同趋化处理，且处理后数值在[0,1]之间，便于比较和计算。处理后，所有指标值均呈正向化，保证了处理后结果的可加性。

(2) 比重法。在特定条件下，可将被评价的洁净煤技术进行比较，排出优劣顺序，以供企业、区域、国家进行选择、规划、布局时参考。依据这一目的，应尽量少考虑外部因素，较多考虑被评价技术的内部因素。下面以发电技术指标计算为例进行说明，各指标原始值见表 2-13。经过同趋化和比重法处理后，各指标值如表 2-14 所示。

表 2-13 发电技术指标原始值

洁净煤技术	总能效	水耗 (t/GJ)	电耗 (kWh/GJ)	国内发展阶段	国内未来占有率(%)	经济承受能力	资源适应性	煤质适应度
常规亚临界	35.65	0.47	0	1	30	1	0.4	0.6
循环流化床	33.12	0.47	0	0.7	20	0.6	0.4	1
超临界发电	42.4	0.47	0	0.8	50	0.63	0.4	0.6

表 2-14 发电技术指标比重法处理后数值（无量纲）

洁净煤技术	总能效	水耗 (t/GJ)	电耗 (kWh/GJ)	国内发展阶段	国内未来占有率 (%)	经济承受能力	资源适应性	煤质适应度
常规亚临界	0.321	0.333	0.333	0.4	0.3	0.448	0.333	0.273
循环流化床	0.298	0.333	0.333	0.28	0.2	0.269	0.333	0.455
超临界发电	0.381	0.333	0.333	0.32	0.5	0.283	0.333	0.273

比重法处理后，各指标有可比性和可加性，即可按特定权重计算出指标值：

$$\text{指标值} = \sum_{i=1}^{n} K_i . A_i \quad (i = 1, 2, \cdots, n) \tag{2-15}$$

式中：K_i 为指标的权重；A_i 为处理后指标值。

计算结果如表 2-15 所示。根据结果即可对这三种发电技术进行比较，如图 2-1 所示。

表 2-15　比重法处理后计算结果

洁净煤技术	技术指标
常规亚临界	0.351
循环流化床	0.304
超临界发电	0.345

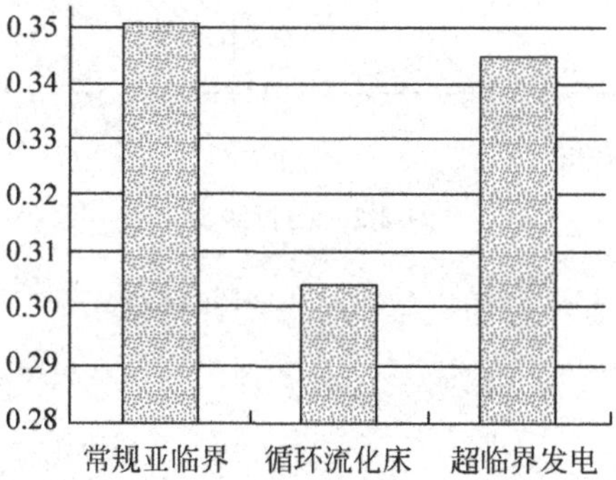

图 2-1　比重法处理后计算的指标比较

常规亚临界发电在国内相对成熟，用户的经济承受能力较高，技术较成熟；同时，国内发展阶段、经济承受能力的权重也较高。因此，常规亚临界发电的技术指标综合值最高。大型循环流化床发电技术目前还处在发展阶段，其国内发展阶段及其未来市场占有率都较低，能效指标和经济承受能力也较低。尽管有煤种适应范围广、适于劣质煤等特点（煤质适应度指标值较高），但综合指标值仍较低，即大型循环流化床在煤质较差情况下有优势，而在一般情况下，以发展常规亚临界发电和超临界发电为宜。目前，常规亚临界发电由于技术更成熟，比超临界发电的技术优势更明显。

2.2　折线型无量纲化方法

折线型无量纲化方法适合于被评价事物发展呈现阶段性变化的评价，指标值在不同阶段的变化对事物总体水平的影响是不同的。构造折线型无量纲化方法与直线型的不同之处在于必须找出事物发展的转折点的指标值并确定其评价值。该方法有下面三种常用的类型：

2.2.1　凸折线型

采用凸折线型无量纲化公式，指标值在前期的变化被赋予较多的评价值增加量，如图 2-2 所示，图中(a)适合于正指标，图中(b)适合于逆指标。

比如，用阈值法可构造如下折线型公式（见图 2-3）：

$$y_i=\begin{cases}\dfrac{x_i}{x_m}y_m, & 0\leqslant x_i\leqslant x_m\\[2ex] y_m+\dfrac{x_i-x_m}{\max\limits_i x_i-x_m}(1-y_m), & x_i>x_m\end{cases}\tag{2-16}$$

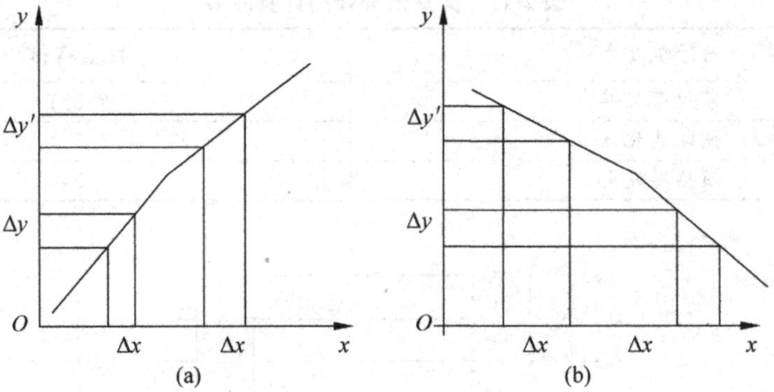

图 2-2 凸折线型

式(2-16)中 x_m 为转折点指标值，y_m 为 x_m 的评价值。

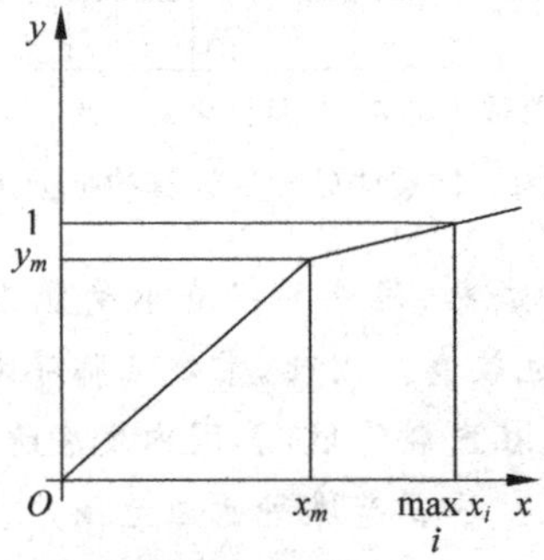

图 2-3 用阈值法可构造折线型公式

2.2.2 凹折线型

与凸折线型不同，凹折线型无量纲化公式对指标后期变化赋予较多评价值增加量，指标后期变化对事物发展总体水平影响较大，如图 2-4 所示。

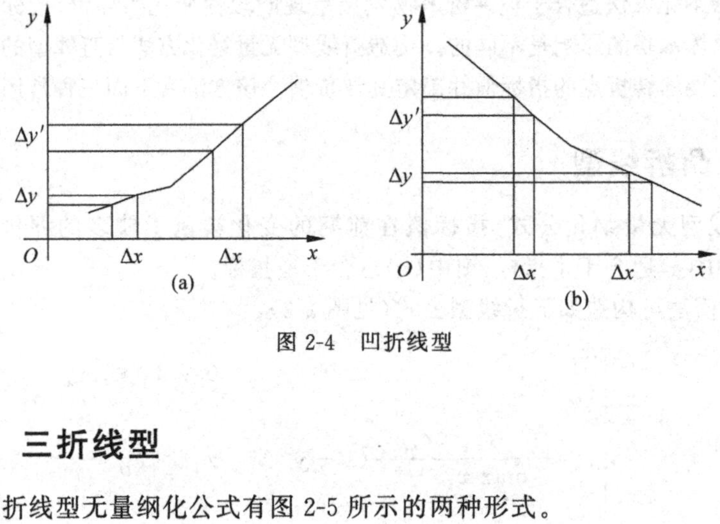

图 2-4 凹折线型

2.2.3 三折线型

常用的三折线型无量纲化公式有图 2-5 所示的两种形式。

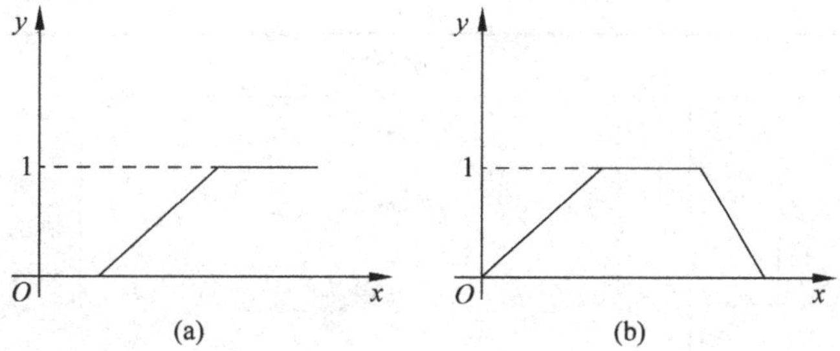

图 2-5　三折线型

图 2-5 中(a)适合于某些事物要求指标值在某区间内变化，若超出这个区间则指标值的变化对事物的总体水平几乎没有什么影响。图 2-5 中(b)适合于适度指标的无量纲化，即指标值过大或过小都会对事物产生不利影响。

从理论上讲，折线型无量纲化方法比直线型无量纲化方法更符合事物发展的实际情况，但其应用的前提是评价者必须对被评价事物有较为深刻的理解和认识，能合理地确定出指标值的转折点及其评价值。

2.3　曲线型无量纲化方法

有些事物发展阶段性的分界点不是很明显，而前、中、后各期发展情况又截然不同，也就是说指标值变化对事物总体水平的影响是逐渐变化的，而非突变的。在这种情况下，曲线型无量纲化公式更为合适。常用的曲线型无量纲化公式如表 2-16 所示。

表 2-16　曲线型无量纲化处理的主要公式

名称	图形	解析式	特点
升半Γ型	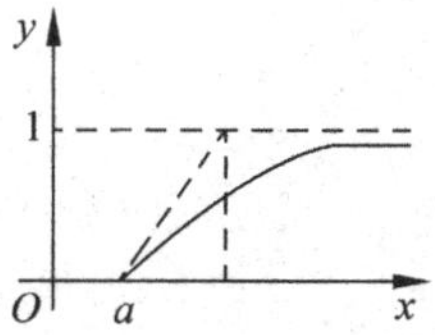	$y=\begin{cases}0 & 0\leqslant x\leqslant a\\ 1-\mathrm{e}^{-k(x-a)} & x>a\end{cases}$ $k>0$	指标评价值随实际值变化，到后期逐渐缓慢直至几乎不变，适合于指标值在后期变化对事物发展总体水平影响较小的情况
升半正态型	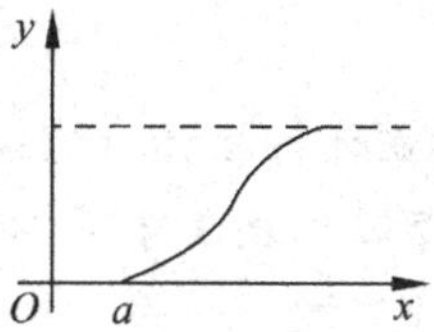	$y=\begin{cases}0 & 0\leqslant x\leqslant a\\ 1-\mathrm{e}^{-k(x-a)} & x>a\end{cases}$ $k>0$	指标评价值随实际值中期变化较快，而前后期相对较慢。适合于指标中期值变化对事物发展总体水平影响较大的情况
升半柯西型	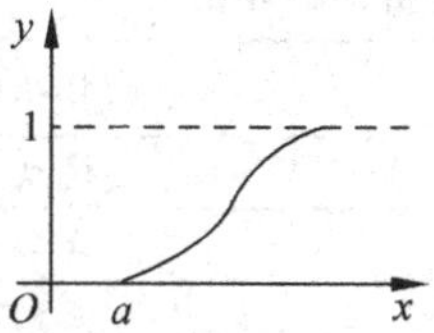	$y=\begin{cases}0 & 0\leqslant x\leqslant a\\ \dfrac{k(x-a)^2}{1+k(x-a)} & x>a\end{cases}$ $k>0$	同上

续表

名称	图形	解析式	特点
升半凹凸型	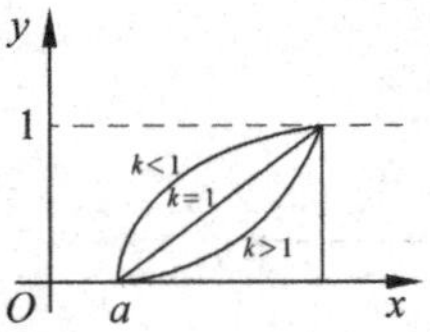	$y=\begin{cases}0 & 0\leqslant x\leqslant a\\ a(x-a)^k & a\leqslant x\leqslant a+\frac{1}{\sqrt[k]{a}}\\ 1 & x\geqslant a+\frac{1}{\sqrt[k]{a}}\end{cases}$	指标评价值随指标实际值的变化逐渐加快或逐渐减慢
升半岭型	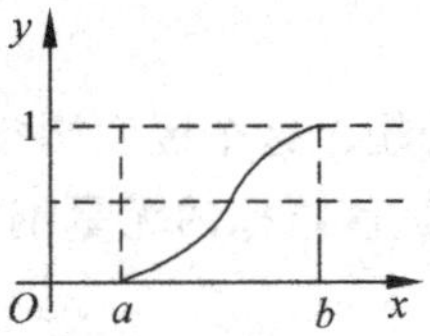	$y=\begin{cases}0 & 0\leqslant x\leqslant a\\ \frac{1}{2}-\frac{1}{2}\sin\frac{\pi}{b-a}\left(x-\frac{a+b}{2}\right) & a<x\leqslant b\\ 1 & x>b\end{cases}$	指标评价值随指标实际值中期变化快，前后期较慢，且呈对称情况

2.4 逆指标和适度指标的处理

对于选出的评价指标，如果是正指标，即指标值越大越好，上面介绍的几种方法是适用的。对于逆指标和适度指标，上面介绍的方法有些是不适用的，比较常用的方法是首先将它们转换为正指标，然后再进行无量纲化。

2.4.1 逆指标的处理方法

逆指标(记为 x，其 n 个样本值为 $x_1,x_2,\cdots,x_n$)转换为正指标，可选用的简单变换是(x'_i 表示转换后的指标)

对 $i=1,2,\cdots,n$，取

$$x'_i=\frac{1}{x_i}(\text{假定 } x_i>0, i=1,2,\cdots,n) \tag{2-17}$$

或

$$x'_i=\frac{1}{k+\max\limits_{1\leqslant i\leqslant n}|x_i|+x_i}(x_i \text{ 可以是负值}, i=1,2,\cdots,n) \tag{2-18}$$

其中，k 是常数，是选定的，且 $k>0$。

【例 2-6】 以 2006 年年末甘肃省 12 个地级市的土地利用效益评价指标为例来说明逆指标的处理办法。选取城市人口密度、人均公共绿地面积率、城市绿化覆盖率等 10 个评价指标，评价指标体系及原始数据如表 2-17 和表 2-18 所示。

表 2-17 2006 年年末甘肃省地级市市区土地利用效益评价指标体系

指标选取	单位	指标属性
城市人口密度 C1	人/km^2	适度
人均公共绿地面积率 C2	m^2	正向
城市绿化覆盖率 C3	%	正向

续表

指标选取	单位	指标属性
城市人均住房使用面积 C4	m^2/人	正向
全部国有及规模以上工业资产负债率 C5	%	适度
抚恤和社会福利救济金 C6	元	适度
居民消费价格指数 C7	上年同期=100	适度
城镇居民家庭恩格尔系数 C8	%	逆向
工业烟尘排放量 C9	t	逆向
城镇登记失业率 C10	%	逆向

表 2-18 甘肃省土地利用效益评价指标原始数据

指标	C1	C2	C3	C4	C5	C6	C7	C8	C9	C10
兰州	1 248.78	9.13	39.91	17.78	57.13	26 221	98.3	37.44	12 199	3.2
嘉峪关	60	16.07	32.5	25.14	69.54	972	99.4	31.16	6 860	2.7
金昌	70.06	4.87	22.49	25.1	57	1 009	100.5	30.21	18 975	3.5
白银	137.66	5.89	21	20.27	59.31	6 082	98.9	36.74	13 232	3.3
天水	210.88	2.84	37.12	18.38	62.48	9 305	103.7	38.18	7 275	3.07
武威	194.76	2.83	24.11	22.86	55.8	4 506	100.9	39.58	2 910	3.3
张掖	119.48	2.11	17.75	26.76	71.13	3 519	108	31.89	4 915	2.9
平凉	253.15	3.67	26.25	19.66	62.5	2 685	101.4	39.21	6 200	3.7
酒泉	104.11	4.09	31.83	20.52	64.22	2 486	99.2	32.4	2 699	3.1
庆阳	335.44	0.48	15.65	25.72	22.06	3 108	106.5	35.24	2 368	3.4
定西	108.88	3.76	16.12	20.89	20.89	2 359	98.5	28.85	2 346	3.1
陇南	115.42	3.68	15.75	21.11	21.11	2 170	98.4	28.2	2 357	3

从表 2-17 可以看出，C8、C9、C10 为逆向指标，对逆向指标正向化就是对原始指标值取倒数，这也称为指标同趋向化，计算结果如表 2-19 所示。

表 2-19 逆向指标正向化数据

指标	C8	C9	C10
兰州	0.026 7	0.000 0	0.312 5
嘉峪关	0.032 1	0.000 2	0.370 4
金昌	0.033 1	0.000 1	0.285 7
白银	0.027 2	0.000 1	0.303 0
天水	0.026 2	0.000 1	0.325 7
武威	0.025 3	0.000 3	0.303 0
张掖	0.031 4	0.000 2	0.344 8
平凉	0.025 5	0.000 2	0.270 3
酒泉	0.030 9	0.000 4	0.322 6
庆阳	0.028 4	0.000 4	0.294 1
定西	0.034 7	0.000 4	0.322 6
陇南	0.035 5	0.000 4	0.333 3

2.4.2 适度指标的处理方法

对适度指标值 $x_1, x_2, \cdots, x_n$，假定最合适的值是 a，离 a 偏差越大越不好，因此 $|a-x_i|$ 就反映了 x_i 不好的程度，它就相当于一个逆指标，于是

$$x'_i=\frac{1}{1+|a-x_i|}, \quad i=1,2,\cdots,n \tag{2-19}$$

就是一个正指标。

如果适度指标的偏差在正、负方向的作用是不对称的，那么用 $|a-x_i|$ 来衡量就会有问题，可以用 $(a-x_i)$ 或 $(a-x_i)^3$ 乘以适当的系数来调整，如用：

$$3(a-x_i)+4|a-x_i|$$

在 $x_i<a$ 时，得 $7|a-x_i|$；当 $x_i>a$ 时，得 $|a-x_i|$。这反映了偏小时影响坏得多，偏大时影响要小一些。用这些方法就可以比较合适地处理适度指标的转换，对转换后的指标再进行无量纲化处理。

【例 2-7】 随机选择 10 家上市公司作为分析样本，以上市公司经营业绩评价为例来说明适度指标的处理方法。数据来源于各上市公司 2008 年年报财务资料，评价指标体系及样本数据如表 2-20 和表 2-21 所示。表 2-22 中各指标的权重参照国有资本金绩效评价体系中对各类指标的赋权，并进行适当的调整而得到。

表 2-20 上市公司经营业绩综合评价指标体系

指标类型	代码	指标名称	计量单位	权重（%）	指标性质
盈利能力	X1	总资产利润率	%	20	正指标
	X2	主营业务利润率	%	16	正指标
偿债能力	X3	速动比率	倍	10	适度指标
	X4	资产负债率	%	14	适度指标
经营效率	X5	总资产周转率	倍	9	正指标
	X6	存货周转率	倍	9	正指标
成长能力	X7	净利润增长率	%	12	正指标
	X8	主营业务收入增长率	%	10	正指标

表 2-21 10 家上市公司综合评价原始数据

公司	X1	X2	X3	X4	X5	X6	X7	X8
T1	1.9	21.46	0.74	49.42	0.31	2.38	−51.48	19.24
T2	4.92	63.69	1.58	41.83	0.21	6.21	12.19	7.66
T3	0.84	26.18	0.76	69.09	0.42	1.84	−64.47	17.42
T4	8	28.17	1.6	52.12	0.6	6.66	−7.35	1.5
T5	2.24	12.25	0.81	40.23	0.98	5.93	−48.98	24.71
T6	0.66	27.76	0.56	49.63	0.24	1.23	−82.48	11.78
T7	0.57	26.34	1.97	25.53	0.36	1.6	−90.37	−20.66
T8	0.16	26.67	1.36	48.58	0.2	6.58	17.93	41.58
T9	1.38	35.91	0.41	63.44	0.53	1.62	92.76	64.29
T10	−0.6	15.48	1	34.18	0.37	2.01	−137.96	49.94

由于一致化方法只针对逆指标和适度指标，而所采用的指标体系中只有“速动比率”和“资产负债率”两个指标为适度指标，所以一致化方法也只针对这两项指标(结果见表 2-22)。

表 2-22 原始数据与一致化后数据比较

公司	原始数据		倒数一致化方法	
	速动比率	资产负债率	速动比率	资产负债率
T1	0.74	49.42	0.7937	172.41
T2	1.58	41.83	2.3810	12.24
T3	0.76	69.09	0.8065	5.24
T4	1.6	52.12	2.5000	47.17
T5	0.81	40.23	0.8403	10.24
T6	0.56	49.63	0.6944	270.27
T7	1.97	25.53	33.3333	4.09
T8	1.36	48.58	1.5625	70.42
T9	0.41	63.44	0.6289	7.44
T10	1	34.18	1.0000	6.32
标准差	0.517	12.892	10.17	90.458

2.5 无量纲化方法的选择原则

无量纲化方法有多种，那么多指标综合评价时究竟采用哪一种呢？一般而言，无量纲化方法的选择应该遵守以下原则：

2.5.1 客观性原则

无量纲化所选用的转化公式要能够客观地反映指标实际值与事物综合发展水平间的对应关系。根据综合评价对象的实际情况来确定所用公式，这需要对被评价对象的历史数据和横向比较数据进行深入的分析，找出事物发展变化的阈值点，才能够确定评价公式和具体参数。

2.5.2 简易性原则

综合评价中的无量纲化处理方法，在客观性的基础上，还应做到简便易行、便于推广。基于这一原则，不少综合评价案例往往是以直线型无量纲化公式来代替可能更为客观的曲线型公式，这种替代的理由如下：

(1) 对多指标综合评价而言，无量纲化的结果即评价值本身就是对被评价事物发展水平的一种相对描述，而不是一个绝对的刻度。因而在不影响被评价对象间相对地位的前提下，允许用近似的、简化的直线关系来代替曲线关系。

(2) 曲线型公式并不是在任何情况下都比直线型公式精确，这种精确是有条件的，如果曲线型公式中的参数选取不当，其结果很难是客观的，然而参数确定又是较为困难的。在参数确定没有把握的情况下，不如用直线型方法来代替。现代管理的一个重要思想是，应该追求相对意义的满意解，而不是绝对意义上的最优解，在无量纲化方法的选取上，也是如此。

(3) 从国内外综合评价的案例应用经验来看，线性公式得到的综合评价结果与复杂得多的非线性公式得出的结果往往很近似，而线性方法较非线性方法要容易使用并方便很多。

2.5.3 可行性原则

选用无量纲化公式，不仅要根据被评价事物的特点，而且还要注意方法自身的特点，这样才能确保转化的可行性。比如，两类常用的直线型无量纲化公式——阈值法和标准化法就各有特点，应用时要加以注意。一般来说，阈值法表现为：

(1) 对指标数据的个数和分布状况没有什么要求；

(2) 转化后的数据都在 0～1 区间内，便于进一步数学处理；

(3) 转化后的数据相对性质较明显；

(4) 就每个 x_i 的转化而言，这种无量纲转化所依据的原始数据信息较少，顶多是指标实际值中的几个值，如 $\min x_i$，$\max x_i$，x_i 等。

相比来看，标准化法则：

(1) 在被评价对象个数较多时才是可靠的；

(2) 标准化法的转化结果超出了 0～1 的区间，存在着负数，有时会影响进一步数学处理；

(3) 标准化法的转化结果相对性质不明显；

(4) 标准化法中的转化值 z_i 与指标实际值中的任一 x_i 都有关系，利用的原始数据信息多于极值法。

归结起来，两种方法的特点可以用表 2-23 来表示。

表 2-23 阈值法与标准化法对比

特点项目	阈值法	标准化法
对数据的要求	无分布要求； 无数据个数要求	正态分布； 数据个数较多
个体转化利用信息	几个 x_i	所有 x_i
转化结果	在 0～1 区间内； 无负值； 相对数性质明显	超出 0～1 的区间； 有负值； 相对数性质不明显

选择无量纲化方法时，不仅要根据无量纲化方法本身的特点，有时还要考虑到所有多指标综合评价方法对无量纲化方法的要求。比如，多元统计分析用于综合评价时，主成分分析和因子分析都要求必须采用标准化法进行无量纲处理。

思考题

1. 什么是无量纲化方法？
2. 无量纲化方法遵守的原则是什么？
3. 简述标准化法的原理。

4. 简述比重法的原理。

5. 定量指标如何进行无量纲化？

6. 假设两个学生的数学、物理、化学成绩分别为 78,45,72 和 82,41,74,请将这两组数据用标准化法进行无量纲化处理,并比较之。

7. 假设某高校统计学专业甲、乙两位同学在大学期间三门专业课成绩如表 2-24 所示，请用标准化方法综合评价甲、乙两位同学的专业素质。

表 2-24　甲、乙两位同学专业课成绩

科目	原始分数		全班同学	
	甲	乙	均值	标准差
多元统计分析	85	90	84.36	4.37
时间序列分析	82	78	79.58	3.62
计量经济学	92	91	85.63	5.87

【在线测试题】 扫描书背面的二维码,获取答题权限

扫描此码　在线自测

第3章

综合评价的模型方法

在综合评价中，建立评价指标体系是基础，在此基础上只有根据评价对象的性质、特点设计相应的综合评价模型并通过模型运算才能得到评价结果。目前，综合评价的模型方法分为两大类，即：常规多指标数学合成法（即数学法）、多元统计分析法。

3.1 常规多指标数学合成法

在常规多指标综合评价中，建立评价指标体系、确定各个评价指标的权重及进行无量纲处理是基础，在此基础上需要建立综合评价模型，将多指标的评价值进行合成，即通过一定的算式将多个指标对事物不同方面的评价值综合在一起，以得到一个整体性的评价。可用于合成的数学方法较多，我们要根据被评价事物的特点来选择合适的合成法。数学合成法大致分为四种，即：线性加权和法、乘法合成法、加乘混合合成法、代换法。

3.1.1 线性加权和法

1. 线性加权和法的处理

线性加权和法的基本公式为

$$f(x)=\sum_{i=1}^{n} w_i x_i \tag{3-1}$$

式(3-1)中，$f(x)$为被评价事物得到的综合评价值，w_i 为各评价指标的权重，x_i 为单个指标的评价值，n 为评价指标个数。

线性加权和法可以有不同的变形处理，比如总和法：

$$f(x)=\sum_{i=1}^{n} x_i \tag{3-2}$$

这里相当于 w_i 都取值为 1，即不加权。

又如，有约束的线性加权和法：

$$f(x)=k\sum_{i=1}^{n}w_ix_i$$
$$k=\sum_{i=1}^{n}k_i \tag{3-3}$$

这里 k_i 为判别各评价指标是否达到最低要求的逻辑值，如达到最低要求，k 取值为 1，否则 k 为 0。

2. 线性加权和法的特性

(1) 线性加权和法适用于各评价指标间相互独立的情况，各指标对综合水平的贡献彼此是独立的，没有什么影响的。这一要求是显然的：由于综合运算采用"和"的方式，其现实关系应是"部分之和等于总体"，若各评价指标间不独立，加和的结果必然是信息的重复，也就难以反映客观实际。

(2) 采用线性加权和法，各评价指标间可以线性补偿，即使某些指标评价分数下降，但可以由另一些指标评价分数的上升来补偿，任一指标评价分数的增加都会导致总评价分数的上升，任一指标评价分数的减少都可用另一指标评价分数的相应增加量来维持总评价分数的不变。

(3) 采用线性加权和法，权重的作用比在其他方法合成中更明显，这是由加法合成所对应现实问题的性质所决定的。由于加法合成中各指标间可以线性补偿，自然各指标在综合评价中所起的作用有大有小，从而表现为指标权重的变化。从和式运算与积式运算的算式本身来看，不能肯定加权算术平均与简单算术平均之差(表现为权重作用)一定大于加权几何平均与简单几何平均之差。因此，权重作用大小要从计算方法性质而不是计算公式本身来说明。

(4) 线性加权和法突出了评价分数较大且该指标权重较大者的作用，这是第二和第三两个特性结合在一起的必然结果。由此，线性加权和法是较接近于主因素突出型的评价合成方法。若以线性加权和法得到的综合评价值来考核被评价单位的成绩，容易诱导被评价单位采用倾斜发展战略来获取较高综合评价值，即突出抓那些权重较大的评价指标。当然，从另一个角度看，评价指标的权重较大，说明该指标所代表的方面比较重要，若这方面提高了，说明该单位在主要方面取得了成就，综合水平上升也就在情理之中了。

(5) 由于线性加权和法各指标评价值之间可以线性地补偿，因而这种合成方法对不同被评价对象之间指标评价值的变化反映不大敏感，从而使这种方法区分各评价对象的灵敏度相对乘法合成等其他方法低一些。采用有约束的线性加权和法正是为了弥补这种缺陷而补充设计的。

(6) 线性加权和法对计算数据没有什么特定的要求。无论用来合成的评价值是零还是负值都不会影响综合评价值的取得。

(7) 线性加权和法计算比较简便，便于推广普及。

3.1.2　乘法合成法

1. 乘法合成法的处理

乘法合成有各种不同的处理，一种是连乘法：

$$f(x)=\prod_{i=1}^{n} x_i \quad (x_i>0) \tag{3-4}$$

另一种是乘除法：

$$f(x)=\prod_{i=1}^{n} x_i \Big/ \prod_{j=1}^{m} x'_j \quad (x_i>0, x'_j>0) \tag{3-5}$$

式中，x'_j代表与 x 呈反向变化的另一类指标的评价值，若 x 为正指标，x'则为逆指标；m 代表 x'类指标的个数。采用乘除合成法有一个好处，就是不需要对指标做同向处理，是正指标就放在分子上相乘，是逆指标就放在分母上相除。而适度指标可分作两部分处理，超过适度值的放在分母上，不够适度值的放在分子上。

一般来说，单个指标的评价值(即指标实际值经过无量纲化处理后的结果)多数是小于 1 的，小于 1 的数连乘之后，综合评价值就会变得很小，直观上容易给人以错觉，因此，可以将连乘法变形为乘方法(几何平均法)，即：

$$\text{简单式} \quad f(x)=\left(\prod_{i=1}^{n} x_i\right)^{\frac{1}{n}} \quad (x_i>0) \tag{3-6}$$

或

$$\text{加权式} \quad f(x)=\left(\prod_{i=1}^{n} x_i^{\omega_i}\right)^{\frac{1}{\sum \omega_i}} \quad (x_i>0) \tag{3-7}$$

2. 乘法合成法的特性

(1) 乘法合成法适用于各评价指标间有强烈关联的情况，此指标在彼指标的基础上，由各指标的乘积表现为整个事物的综合水平。分析不同合成方法的适用情况对具体方法的选用很有意义。有的多指标综合评价案例中，谈到合成方法的选择，只考虑灵敏度和简易性，而不考虑指标间关系对合成关系的影响，这是不妥的。

(2) 乘法合成法强调评价对象各指标评价值的一致性。也就是说，它要求被评价对象的各指标彼此间差异较小，任何一方面都不能偏废。假定有 10 项指标用来评价企业的经济效益，若甲企业 9 项指标都“很好”，只有一项指标“很差”，而乙企业 10 项指标都“较好”，按乘法合成的综合评价值，很可能就是乙高于甲。

(3) 在乘法合成法中，指标权重的作用不如线性加权和法明显，这是由乘法合成所对应的现象问题性质所决定的。乘法合成法强调各指标间的一致性。各指标对综合评价有着同等重要的利害关系，因而在有的乘法合成法中，干脆就不进行加权处理了。

(4) 乘法合成法的结果突出了指标评价值中较小数的作用，这是积式运算的性质所决定的。我们知道，和为一常数(设为 k)的两数，其积总是以$\frac{k^2}{4}$为最大值，两数间的差异越大(即意味着有较小数出现)，则这个积就越小。这个特性可以推广到 n 项积上。由此，考核被评价单位成绩时，若按乘法合成法综合评价值，有助于引导被评价单位切实抓好各方面工作，而不是靠重点倾斜的方法来取胜。

(5) 乘法合成法对指标评价变动的反映比加法合成更敏感。试用一个较为极端的例子来比较加权和法(算术平均法)和乘方法(几何平均法)。设某被评价对象 10 项指标中 9 项皆为 100 分，1 项为 10 分，用加权和法(这里假定权重相等)算出总评价值为 91 分，而用乘方法算出的总评价值仅为 79.43 分。可见，乘法合成更有助于拉开被评判对象的档次，综合评价的准确度更高。

(6) 乘法合成法对指标评价值的数据要求较高，计算中指标评价值不能出现零值或负值，如出现零值(即使有一个指标评价值为零)，则整个综合评价值为零，这表明了各指标间的不可替代性。若出现负值，则综合评价值无法直接得出(经过变换处理也可间接得出来某种综合评价值)。

(7) 乘法合成法在计算上比线性加权和法稍复杂些，但在推广普及上不如线性加权和法。

3.1.3 加乘混合合成法

将上面两种合成方法混合在一起，可以得到一种兼顾的方法。混合可以是直接混用，例如：

$$f(x)=\sum_{i=1}^{n}x_i+\prod_{j=1}^{m}x'_j \tag{3-8}$$

或

$$f(x)=\sum_{i=1}^{n}x_i\Big/\prod_{j=1}^{m}x'_j \tag{3-9}$$

或

$$f(x)=\prod_{j=1}^{m}x'_j\Big/\sum_{i=1}^{n}x_i \tag{3-10}$$

加乘混合还可以将评价值指标分成几类，先对每一类内各指标进行乘法处理，然后再将各类的积进行加法处理，即：

$$f(x)=\sum_{k=1}^{t}\omega_k\left(\prod_{i=1}^{nk}x_i\right) \tag{3-11}$$

式(3-11)中：n 为评价指标个数，k 代表评价指标小类的个数，t 表示指标的种类数。

有人提出可以先在各类内作加法合成，然后再对各类作乘法处理，即：

$$f(x)=\prod_{k=1}^{t}\left(\sum_{i=1}^{nk}\omega_i x_i\right) \tag{3-12}$$

通常各类内指标间相关关系较紧密，而各类间指标间相关关系则不那么紧密，因而根据乘法和加法合成的适用范围，应先在类内作乘法处理，再在类间作加法处理。

加乘混合法兼有加法合成和乘法合成两个方法的性质。当我们对被评价事物的内部关系分析得较明确，确定有的部分需要用加法合成，有的部分需要用乘法合成时，就可以用加乘混合法。由此可见，混合法的适用范围比加法和乘法更广些。但是在计算操作上，显然混合法比加法和乘法更麻烦些。

3.1.4 代换法

代换法的公式如下：

$$f(x)=1-\prod_{i=1}^{n}(1-x_i)\quad 0\leqslant x_i\leqslant 1 \tag{3-13}$$

代换法具有如下特点：

(1) 各评价指标对事物综合水平具有同等重要的意义。

(2) 代换法中，指标间补偿作用远比加权线性和法中的补偿作用充分，并且是最充分的。不管其他评价指标取值如何，只要有一个评价指标达到最高水平，整个综合评价值便达到最高水平。

(3) 代换法与乘法合成的思想恰恰相反，它偏爱于诸评价指标中的"异军突起"，即代换法不强调不同指标评价值间的水平的一致性。

就代换法的上述特性而言，它实质上有悖于综合评价的本质，多指标综合评价不仅要求评价的整体性，而且要求评价的全面性。因此，除非较特殊的场合(比如，确定存在"部分取优就导致整体取优"的情况)，一般不宜采用代换法。

3.1.5 合成法分析的归结

1. 计算方法的归结

从计算公式来看，线性加权和法实际上是求解各指标评价值的算术平均数，公式中 w_i 通常取为相对权重；而总和法作为一种特例，所求 $f(x)$与算术平均数的 $f(x)$相差 $1/n$ 倍，呈线性比例关系。

再看乘法合成公式，"乘除法"合成中，除法本身是乘法的逆运算，从这个角度看，乘除法也可以归结为乘法的一种特殊处理；另外从采用乘除法的场合看，主要是未对指标进行专门的同向处理。如果先把逆指标都转成正指标，合成时也就没有必要用乘除法了，直接用乘法合成就可以了。

乘法合成与乘方法(几何平均法)的结果实质上是一致的，区别仅在于是否再开方。由上面的分析，我们可以把乘法合成运算都归结为各指标评价值几何平均数的求解。

由于加法合成(加权线性和法)可归结为算术平均数的求解，而乘法合成可以归结为几何平均数的求解，加乘混合法的计算，自然也可以归结为平均数的求解了。

至于代换法，将 1 与评价值差的余数连乘后，再求与 1 相差的余数，从计算公式上看，实际上是乘法合成公式的一种变形，计算性质上也可以归结到几何平均数那一类。

综上所述，四种主要合成法都可以归结为平均数的计算。这就是说，在多指标综合评价中，是运用平均数方法计算综合评价值的。

2. 合成法的性质比较

把上述四种合成法的性质归结起来，可以得到表 3-1。

表 3-1 各合成法性质对比表

方法性质	代换法	加法合成	加乘混合	乘法合成
指标值间补偿作用	可完全补偿	线性补偿	部分补偿	很少补偿
指标间关系	相关	独立	部分相关	相关
权重作用	通常不设权重	较重要	一般	不大重要

续表

方法性质	代换法	加法合成	加乘混合	乘法合成
对指标值间差异变动的反映	最不敏感	不太敏感	较敏感	最敏感
计算复杂程度	比乘法复杂些	最简单	较复杂	比加法复杂些
对评价值的数据要求	无	无	部分评价值要大于零	评价值大于零
合成结果	决定于评价值中的最高水平	突出了较大评价值且权重较大者的作用	介于加法与乘法之间	突出较小评价值的作用
方法原则	主因素决定型	主因素突出型		因素并列型(强调水平一致)

从表 3-1 中可以看出,四种合成法以代换法和乘法为两端,加法与混合法在二者之间,从代换法到乘法,补偿性和主因素作用依次降低,而灵敏度及对数据要求依次提高,权重作用从不重要到较重要再到不重要,指标间从相关到独立再到相关。明确这些性质更有助于在应用中选取合适的合成方法。

3. 合成法的选取原则

从指标评价值之间数据差异大小和评价指标重要程度的差别大小角度来看,一般要遵循如下原则:

(1) 当各评价指标间重要程度差异较大,且各指标评价值间差异不大时,采用线性加权和法比较合适。这是由于线性加权和法中权重作用比较明显,可以反映出指标重要程度的差异。另外,指标评价值差异不大时,用哪种合成方法结果都差不多,故以选用较简便的线性加权和法为宜。

(2) 当各评价指标间,重要程度差异不大,而各指标评价值间差异较大时,以采用乘法合成为宜。一方面这是由于乘法合成中权重作用不大明显,与指标间重要程度差异不大的情况相适应;另一方面,乘法合成对指标间差异较为敏感,可以更好地反映被评价事物间地位上的差别。

(3) 当各评价指标间重要程度差异较大,且各指标评价值间差异也较大时,以采用加乘混合法为宜,因为加乘混合法兼有加法和乘法的优点。

(4) 当各评价指标间重要程度差异较小,各指标评价值间差异也不大时,用加法合成、乘法合成都可以,当然也可以用加乘混合法。此时以简便易行作为选取方法的准则,故可选用加法合成。

当然,指标评价值间差别的大小和指标间重要程度的大小都没有一个明显的界限,何为差别大、何为差别小,需要在综合评价的实践中结合具体情况来确定。

3.2 多元统计分析方法

多元统计分析是近些年在数理统计中迅猛发展的一个分支，它所包括的具体方法比较多，应用范围也比较广泛。在多指标综合评价实践中，比较适用的多元统计方法有主成分分析法和因子分析法，另外也可以用判别分析法和聚类分析法。

3.2.1 主成分分析法

1. 主成分分析法进行多指标综合评价的基本思想

对象的评价，是通过一定的指标进行的，多个指标构成一个多维空间，评价对象成为多维空间中的样本点。两个样本在某项指标上变差越大，说明样本在这一指标维度上的距离越大。用多项指标进行综合评价时，则要以各项指标的总变差来说明样本在多维空间的相对地位。然而，在将单项变差综合为总变差时产生了以下问题：

(1) 评价指标量纲往往不同，变差不能直接综合；

(2) 指标间往往存在一定相关关系，由此即使消除量纲影响后再综合，也会有信息重复；

(3) 在综合时如何确定各指标的权重。

此外，如果评价指标较多，应该在变差信息损失较少的前提下减少工作量，这也就是降维的问题，即用较少的新变量代替较多的原变量。主成分分析法正是在这些方面显示了其特点。

主成分分析(principal component analysis)是分量分析的一种，也叫主分量分析、主轴分析，它是一种应用范围较广的多元统计分析方法，进行多指标综合评价是主成分分析的主要应用场合之一。

先在二维空间说明主分量法的基本思想：在二维空间(即用两个指标来衡量 n 个样本点)中，n 个样本点之间的变量信息若用离差平方和表示，则综合评价时的总变差如下：

$$\sum_{i=1}^{n}(x_{i1}-\bar{x}_1)^2+\sum_{i=1}^{n}(x_{i2}-\bar{x}_2)^2$$

如果 $\sum_{i=1}^{n}(x_{i1}-\bar{x}_1)^2$ 与 $\sum_{i=1}^{n}(x_{i2}-\bar{x}_2)^2$ 两个数值差不多，说明两个指标在变差总信息量中的比重相当，在进行综合评价时，两个指标都不可舍弃。

如果找到 x_1、x_2 的一个适当的数字变换 F_1 和 F_2，满足：

$$\sum_{i=1}^{n}(x_{i1}-\bar{x}_1)^2+\sum_{i=1}^{n}(x_{i2}-\bar{x}_2)^2=\sum_{i=1}^{n}(F_{i1}-\bar{F}_1)^2+\sum_{i=1}^{n}(F_{i2}-\bar{F}_2)^2 \tag{3-14}$$

式中，$\bar{F}_1$ 表示新变量 F_1 的均值，$\bar{F}_2$ 表示新变量 F_2 的均值。

上式说明这种变换使新变量 F 代表了原变量 X 的信息。

如果 $\sum_{i=1}^{n}(F_{i1}-\bar{F}_1)^2$ 与 $\sum_{i=1}^{n}(F_{i2}-\bar{F}_2)^2$ 的比例为 4∶1，这说明只用新变量 F_1，就反映

了原样本信息的80%，这时仅用F_1来分析原问题就可以了。总之，$\sum_{i=1}^{n}(F_{i1}-\bar{F}_1)^2$在变差总信息量中的比例越大，新变量$F_1$在综合评价中的作用越大。若把$F_1$与$F_2$称为原变量(观测指标)线性组合后的分量，显然$F_1$就成了主分量。

主成分分析恰是通过适当的数学变换，使新变量分量成为原变量的线性组合，并寻求主分量来分析事物性质的一种方法。

2. 主成分分析用于多指标综合评价的基本内容

设：F为分量，X为原变量，Z为标准化后的变量，i为各被评价样本，j为各评价指标，g为各分量，x_{ij}为第i个样本、第j个指标的数值，Z_{ij}为第i个样本、第j个标准化指标的数值，L_{ij}为第i个样本、第j个标准化指标的分量系数，F_{ig}为第i个样本、第g个分量，则有

$$\begin{aligned}&F_{ig}=\sum_{j=1}^{p}L_{ij}Z_{ij}\\&i=1,2,\cdots,n\\&j=1,2,\cdots,p\\&g=1,2,\cdots,p\end{aligned}\tag{3-15}$$

其中，$\mathrm{cov}(F_g,F_{g+k})=0,k\neq 0,g+k<p$。

这就是说各个分量间是相互独立的。

实施变换前后的总方差(与离差平方和一样说明变差信息量)是相等的，这说明原指标代表的变差信息已由各分量来表示。

数学上已经证明，x_{ij}的协方差矩阵的特征根λ_g即是主成分分析中第g个分量的方差，而λ_g对应的特征向量即是第g个分量F_g中Z_{ij}的各个系数L_{ij}，

满足
$$\sum_{i=1}^{n}L_{ij}^2=1\tag{3-16}$$

然而在分析实际问题时，我们通常不直接将X变换成分量，而是将其标准化后再进行主成分分析。由于标准化变量的协方差矩阵等于其相关矩阵，于是求协方差矩阵的特征根及特征向量可以转化为对相关矩阵$\boldsymbol{R}$的求解，有了特征向量作为系数，就完成了由$X\to Z\to F$的变换。

再将各个分量F_{ig}用适当形式综合起来，就可以得到对每个样本点的一个综合评价值，依据它就可以对各样本排序，满足多指标综合评价的要求。

数学上也已经证明，主成分分析中各分量是按照方差大小依次排列顺序的，即$\lambda_g>\lambda_{g+1}$，这说明第一分量代表的原变量变差信息最多，第二分量次之，最后一个分量代表原变量的信息最少，往往近乎零。由此，我们在分析实际问题时，可以舍弃一部分分量，只取前K个分量来代表原变量，在满足分析问题精度要求的前提下，减少工作量。

对原变量实施适当的变量代换后，原来相关的X可变成互相独立的Z，这样就有助于消除变量间相关对综合评价的信息重复影响，而且在变换过程中，还为分量的综合提供了自身的权重系数(L_{ij}和λ_g)，这些都有助于更科学地对事物进行多指标综合评价。

3. 主成分分析应用于多指标综合评价时的适用范围

并不是任何多指标综合评价问题都可以用主分量法解决，可以从指标数据间的关系来分析其应用场合。一般来说，指标数据间关系按其相关程度有以下几种情况：

(1) 第一种情况是 n 个变量完全相关。此时将 $n-1$ 个变量删除，也可以对被评价对象进行排序，无须那么多变量，也就谈不上用主成分分析了。比如，两个变量 x_1 与 x_2 完全线性相关，则有

$$x_1 = a + bx_2 \tag{3-17}$$

这时，x_2 有一个值，x_1 就有一个确定值，x_2 与 x_1 提供的信息是完全重复的。只要有其中的一个就可以对被评价对象进行说明了。

(2) 第二种情况是 n 个变量完全不相关。此时，不可能将它们压缩为更少的变量，主成分分析的出发点通常是变量的相关矩阵。如果变量间完全不相关，相关矩阵为对角阵，主成分分析的去相关性也就无从谈起了。

(3) 第三种情况是 n 个变量间有一定相关关系(即不完全相关)。此时，可以实施主成分分析，然而可以实施不等于实施效果理想。一般来说，变量间相关程度越大，主分量分析效果越好，即主成分分析的效果与变量间相关程度高低成正比。

以上三种情况可以归结如下(见图 3-1)：

变量按相关程度区分：
- ①完全相关 —— 不必实施主成分分析
- ②不完全相关 —— 高度相关、中度相关、低度相关 —— 主分量分析效果较好 —— 可以实施主成分分析
- ③完全不相关 —— 不必实施主成分分析

图 3-1 变量按相关程度区分

应当说明的是，在现实社会经济生活中，多数指标还是处于不完全相关这一层次的，因而主成分分析在多指标综合评价中还是大有用武之地的。

4. 用主成分分析进行多指标综合评价的基本步骤

基本步骤包括：

(1) 原始指标数据的标准化。一般采用标准化法，变换公式如下：

$$Z_{ij} = \frac{x_{ij} - \bar{x}_j}{s_j}, \quad 其中 \bar{x}_j = \frac{1}{n}\sum_{i=1}^{n} x_{ij}$$

$$s_j^2 = \frac{1}{n-1}\sum_{i=1}^{n}(x_{ij} - \bar{x}_j)^2, \quad i = 1,2,\cdots,n \quad j = 1,2,\cdots,p \tag{3-18}$$

经过变换后的数据，均值为零，方差为 1。

之所以要将原始数据标准化是因为主成分分析在通过相关系数矩阵 $\boldsymbol{R}$(协方差矩阵$\boldsymbol{\Sigma}$)求主分量时，往往优先顾及方差 δ_j^2 较大的变量，即受变量的计量单位影响较大，这样有时会造成很不合理的后果。

(2) 求指标数据间的相关系数矩阵 $\boldsymbol{R}$。变量(指标)的相关系数矩阵 $\boldsymbol{R}$ 是主成分分析的出发点，其计算公式如下：

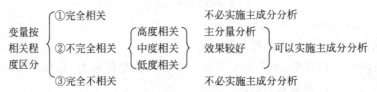

$$r_{ik}=\frac{1}{n-1}\sum_{j=1}^{n}\frac{x_{ij}-\bar{x}_j}{s_j}\frac{x_{jk}-\bar{x}_k}{s_k}$$

或

$$r_{ik}=\frac{1}{n-1}\sum_{j=1}^{n}Z_{ij}Z_{jk}$$

且

$$r_{ii}=1,\quad r_{ik}=r_{ki} \tag{3-19}$$

(3) 求 $\boldsymbol{R}$ 的特征根、特征向量和贡献率。$\boldsymbol{R}$ 的特征方程式如下：

$$|\lambda I_p-\boldsymbol{R}|=0 \tag{3-20}$$

$\lambda_g(g=1,2,\cdots,p)$为对该方程式求解得到的特征根，它是主分量 F 的方差，它的大小描述了各个主分量在描述被评价对象上所起作用的大小。用 $\boldsymbol{L}$ 表示一个 P 维实向量，由方程组

$$[\lambda_g I_p-\boldsymbol{R}]\boldsymbol{L}_g=0 \tag{3-21}$$

求得的向量 $\boldsymbol{L}_g$ 为特征根 λ_g 对应的特征向量，即标准化向量

$$\boldsymbol{Z}_j=\begin{pmatrix}Z_{1j}\\ \vdots \\ Z_{nj}\end{pmatrix}$$

在新坐标系下各分量上的系数。

$a_g=\lambda_g\Big/\sum_{g=1}^{p}\lambda_g$，表明每个分量说明原始变量的信息量，即方差贡献率。

(4) 确定主分量个数的判定准则。一般来说，分量个数等于原始变量的个数，如果原始变量个数较多，进行综合评价时就比较麻烦。因此，利用主成分分析对样本排序时，总是希望选取个数较少的主分量，同时还要使损失的信息量尽可能地少。通常对每个样本只就前 k 个主分量进行分析，而忽略后面$(p-k)$个分量，这 k 个主分量保留原观测变量信息的比重如下：

$$\alpha(k)=\left(\sum_{g=1}^{k}\lambda_g\right)\left(\sum_{g=1}^{p}\lambda_g\right)^{-1} \tag{3-22}$$

这样，确定主分量个数实质就是要在 k 和 $\alpha(k)$之间进行平衡，一方面要使 k 尽可能地小，而另一方面要使 $\alpha(k)$足够大，即以较少的分量来求得原始变量足够多的信息。

确定主分量个数的方法原则较多，在实践中比较常用的有以下几种：

① $\alpha(k)\geqslant 85\%$准则。$\alpha(k)$多大才算足够大？这是一个有争议的问题，有的提出应为60%，有的则提出应为70%、75%或80%。确定 $\alpha(k)$足够大的依据应该是：由阈值 $\alpha(k)$对应的 k 对被评价样本的排序，若与$(k+j)$个主分量对被评价样本的排序基本相同，则 $\alpha(k)$就足够大。根据国内用主成分分析进行多指标综合评价的实践来看，$\alpha(k)\geqslant 85\%$通常可以保证样本排序的稳定。所以这里把阈值定在85%，$\alpha(k)\geqslant 85\%$是从实践中总结出来的，与其他原则相比，它通常有选取较多主分量的倾向。

② $\lambda_g>\bar{\lambda}$ 准则。先计算特征根 λ_g 的均值 $\bar{\lambda}$，然后将之与 λ_g 比较，选取 $\lambda_g>\bar{\lambda}$ 的前 k 个分量作为主分量。若 λ_g 是由标准化数据的相关矩阵 $\boldsymbol{R}$ 求得的，则 $\bar{\lambda}=1$，此时不必进行任何计算，只要选取 $\lambda_g>1$ 的前 k 个分量作为主分量即可(但由协方差矩阵求得的 λ_g 仍要计算 $\bar{\lambda}$)。

③ 斯格里准则。斯格里准则的做法是：计算特征根差数($\Delta\lambda=\lambda_{g+1}-\lambda_g$)，如果 m 个 $\Delta\lambda$ 较接近，出现了较为稳定的差数值，则后 m 个分量可以确定不是主分量。这是从相反方向来确定主分量的一种做法。

④ 巴特莱特检验准则。检验的零假设是最后($p-k$)个分量均等于或不明显地大于零。检验统计量是一个近似的 χ^2 变量，即：

$$Q=\left(\prod_{g=k+1}^{p}\lambda_g\right)\left(\frac{1}{p-k}\sum_{g=k+1}^{p}\lambda_g\right)^{-(p-k)}$$

其中，

$$c=-(n-1)+\frac{1}{6}(2p+5)+\frac{2}{3}k \tag{3-23}$$

自由度

$$\mathrm{d}f=\frac{(p-k-1)(p-k+2)}{2}$$

巴特莱特准则是一个系列检验，从 $k=1$ 开始，一直检验到最后($p-k$)个分量不显著为止。由于 F_{k+1} 是不显著的第一分量，所以应选择较高的显著性水平，通常是 $\alpha=0.20$ 或 $\alpha=0.10$。

巴特莱特准则的精确性受到观测样本数 n 大小的影响，当 n 较小时，有可能低估突出分量的数目；当 n 较大时，有可能高估突出分量的数目。用巴特莱特准则确定 k，比前几种准则工作量大，在实际中应用较少。

(5) 解释主分量含义的思路。主分量是原始变量的线性组合，它包含了比原始变量更复杂的内容，因而对主分量的社会经济含义进行合乎客观实际的解释说明是多指标综合评价中比较重要的一环。有了主分量的合理解释，才有利于进一步对被评价对象进行定性分析。

主分量含义的解释通常只能结合被评价对象的具体指标内容及其分量系数的大小得出。但从国内外主成分分析应用的具体案例看，我们归纳出以下几条经验作为解释说明的参考思路：

① 从 L_{ij} 系数值的大小入手。L_{ij} 表明了原始变量与主分量之间的关系，一个主分量在某个变量上的系数较大，则说明了该主分量主要代表了该变量的信息。而一个变量在该分量上的系数近乎为零，则说明该分量没有包含该变量的相关信息。

② 从 L_{ij} 系数值的符号入手进行判断。系数的符号表明了原始变量与主分量之间的作用关系。一般而言，正号表示变量与主分量作用呈同方向关系，负号则表示变量与主分量作用是逆向关系。

③ 如果变量分组较有规则，则应注意从 L_{ij} 系数值进行组内组间对比分析。

④ 如果主分量中各变量的系数都大致相同，要注意是否存在一个一般性的影响因素。

(6) 主分量的综合评价值。

① 只用一个主分量排序。英国统计学家肯德尔认为："如果第一主分量可以看作是要研究那个复杂事物的一个概括，那么可以根据第一分量 F_1 提供的数值，按顺序将 n 个个体排列。"他还认为第一主分量是概括变量变异程度的最佳线性函数，而且第一主分量"提供了它自身的权重系数"。

按照上述观点，多指标综合评价值是标准化变量值与对应的特征向量值的乘积和，即：

$$F_{i1}=\sum_{j=1}^{p}\lambda_{ij}Z_{ij} \tag{3-24}$$

采用第一主分量对样本排序的理由是：一是这样得到的加权合成分数的方差是最大的，因而可以最大限度地反映个体之间的差异；二是这种加权合成分数的范围效度是最高的。

尽管如此，仅用第一主分量对样本进行综合评价还是不够的。其理由在于只用第一主成分而无视其他主分量在综合评价时应有的作用，损失的信息太多，有可能歪曲样本间的实际序关系。因为有时第一主分量仅能反映原样本变量信息的50%～60%。

② 用 K 个主分量排序。其改进的做法是：分别求每个主分量的线性加权和值 F_{i1}，$F_{i2},\cdots,F_{ik}$；然后再用每个主分量的贡献率 $\lambda_g\Big/\sum_{g=1}^{p}\lambda_g$ 作为权重，求 F_{ig} 的加权和，即：

$$F_i=\sum_{g=1}^{p}d_gF_{ig},\quad 其中\ d_g=\frac{\lambda_g}{\sum_{g=1}^{p}\lambda_g} \tag{3-25}$$

以 F_i 作为多指标综合评价值。

【例3-1】 以1986—1996年天津市主要人口指标数据为例来说明主成分分析法的计算过程，其原始数据如表3-2所示。

表3-2 天津市1986—1996年人口主要指标数据

年份	总人口数 Z_1（万人）	人口年增长率 Z_2（%）	人口自然增长率 Z_3（%）	人口密度 Z_4（人/平方公里）	高校在校人数 Z_5（万人）	中等学校在校人数 Z_6（万人）	小学在校人数 Z_7（万人）	平均寿命 Z_8（岁）	人口负担系数 Z_9	城市人口比例（%）Z_{10}
1986	814.97	1.26	9.3	682	5	45	73	73.09	38.6	53.7
1987	828.73	1.69	12.57	694	5	46	73	73.56	38.9	53.7
1988	839.21	1.26	10.33	703	5	44	76	74.22	39.0	54.62
1989	852.35	1.57	9.01	714	5	43	81	73.31	39.8	54.86
1990	866.25	1.63	9.81	725	5	44	86	73.30	41.3	55.0
1991	872.63	0.74	6.16	730	5	46	87	73.33	41.1	55.1
1992	878.97	0.73	6.53	736	5	48	87	73.33	41.0	55.2
1993	885.89	0.79	4.51	741	6	50	89	73.33	40.38	55.4
1994	890.55	0.53	4.79	745	7	53	90	73.33	40.02	55.5
1995	894.67	0.46	4.00	749	7	60	88	74.26	39.97	55.7
1996	898.45	0.42	3.56	752	7	66	88	74.26	38.88	56.2

表3-3 10项人口指标的相关矩阵表 *R*

	Z_1	Z_2	Z_3	Z_4	Z_5	Z_6	Z_7	Z_8	Z_9	Z_{10}
Z_1	1	−0.792	−0.882	0.9998	0.740	0.712	0.962	0.301	0.486	0.962
Z_2		1	0.933	−0.789	−0.765	−0.776	−0.7199	−0.353	−0.138	−0.770

续表

	Z_1	Z_2	Z_3	Z_4	Z_5	Z_6	Z_7	Z_8	Z_9	Z_{10}
Z_3			1	−0.879	−0.787	−0.760	−0.848	−0.243	−0.261	−0.873
Z_4				1	0.739	0.713	0.959 6	0.309	0.483	0.964
Z_5					1	0.897	0.609 7	0.489	−0.135	0.732
Z_6						1	0.534	0.629 8	−0.196	0.736
Z_7							1	0.065	0.660	0.905
Z_8								1	−0.384	0.423
Z_9									1	0.369 8
Z_{10}										1

求矩阵 $\boldsymbol{R}$ 的特征值和特征向量：

由方程 $|KI-R|=0$，求得 10 个特征根及其贡献率如下：

特征根：6.948，1.996，0.578，0.256，0.098，0.083，0.029，0.011，0.001，0。

贡献率(%)：69.4，20.0，5.8，2.6，1.0，0.8，0.3，0.1，0，0。

累计贡献率(%)：69.4，89.4，95.2，97.8，98.8，99.6，99.9，100，100，100。

因为前两项特征根的累计贡献率为 89.4%>85%，所以可以用第一主成分和第二主成分作为评价的综合指标，且评价的可信度为 89.4%。

求综合评价值：

对应 K_1 的特征向量为 $\boldsymbol{L}_1=(0.369,-0.336,-0.358,0.368,0.320,0.314,0.342,0.154,0.117,0.364)$，则第一主成分 $F_1=0.369Z_1-0.336Z_2-0.358Z_3+0.368Z_4+0.320Z_5+0.314Z_6+0.342Z_7+0.154Z_8+0.117Z_9+0.364Z_{10}$。

对应 K_2 的特征向量为 $\boldsymbol{L}_2=(-0.135,-0.082,0.022,-0.132,0.274,0.349,-0.301,0.504.-0.643,-0.052)$，则第一主成分 $F_2=-0.135Z_1-0.082Z_2+0.022Z_3-0.132Z_4+0.274Z_5+0.349Z_6-0.301Z_7+0.504Z_8-0.643Z_9-0.052Z_{10}$。

则综合评价值 $F=0.694F_1+0.20F_2$。

代入标准化变换后的数据，可得 1986—1996 年天津市人口指标的综合评价值(A 值)。

表 3-4 1986—1996 年天津市人口指标的综合评价值(A 值)

年份	1986	1987	1988	1989	1990	1991	1992	1993	1994	1995	1996
A 值	−2.339 1	−2.349 1	−1.178 7	−1.310 1	−1.043 5	−0.032 7	0.167 2	0.928 8	1.609 8	2.500 9	3.061 5

由表 3-4 可进行各年综合评价值的排序，从而判定各年的人口发展水平，由表 3-4 还可看出，天津市 11 年来的人口发展水平综合评价值基本上呈递增趋势，说明天津市人口发展势态良好。实践证明，用主成分分析法来求得指标的综合值，并进行排序，不失为一种好的方法。

【例 3-2】 四川省 21 个市(州)的 12 项国民经济指标，它们依次是 x_1(年末总人口)、x_2(国内生产总值)、x_3(工业总产值)、x_4(农林牧渔业总产值)、x_5(固定投资增长数)、x_6(地方财政一般性收入)、x_7(社会消费品总额)、x_8(职工工资总额)、x_9(人均可支配收入)、x_{10}(化肥施用量)、x_{11}(进出口总额)、x_{12}(第三产业所占比重)等。这些变量包括了经济总量、产业情况、产业效率等情况。请用主成分分析法分析四川省 21 个市州的国民经济发展情况。

利用 MATLAB 软件计算出相关矩阵 R 的特征值与贡献率如表 3-5 所示。

表 3-5　特征值及其累计贡献率

特征值	贡献率(%)	累计贡献率(%)
8.009 3	66.74	66.74
1.888 7	15.74	82.48
0.899 7	7.49	89.98
0.841	7.01	96.98
0.226 6	1.89	98.88
0.070 1	0.58	99.46
0.027 3	0.23	99.69
0.022	0.18	99.87
0.008 7	0.07	99.94
0.004 4	0.04	99.98
0.001 8	0.02	100
0.000 4	0.00	100

从表 3-5 可以看出，$\lambda_1,\lambda_2,\lambda_3$ 的方差累计贡献率达到了 89.98%。

对于 $\lambda_1=8.0093$，第一主成分为：$Z_1=0.2915x_1+0.35101x_2+0.34275x_3+0.28539x_4-0.011956x_5+0.34209x_6+0.34696x_7+0.34643x_8+0.2205x_9+0.19772x_{10}+0.34445x_{11}+0.17021x_{12}$。

第一主成分 Z_1 与年末总人口 x_1、国内生产总值 x_2、地方财政一般性收入 x_6、社会消费品总额 x_7、职工工资总额 x_8、进出口总额 x_{11} 的相关系数均达到了 96%以上，第一主成分集中了工业、农业、社会事业、进出口为一体的综合指标。

根据第一主成分我们对 21 个市(州)经济发展进行排序，各市(州)得分及次序如表 3-6 所示。

表 3-6　各市(州)第一主成分排序

市(州)	得分	排序
成都市	7.942 6	1
绵阳市	0.717 1	2
德阳市	0.685 9	3
宜宾市	0.263 1	4
南充市	0.101 5	5
乐山市	−0.086 1	6
凉山彝族自治州	−0.136 4	7
资阳市	−0.227 9	8
泸州市	−0.316 9	9

续表

市(州)	得分	排序
广安市	−0.342 3	10
攀枝花市	−0.347 8	11
达州市	−0.367 5	12
内江市	−0.407 7	13
自贡市	−0.508 2	14
眉山市	−0.563 4	15
遂宁市	−0.844 4	16
阿坝藏族自治州	−0.978	17
广安市	−1.053	18
雅安市	−1.087 6	19
巴中市	−1.218 5	20
甘孜藏族自治州	−1.224 5	21

主成分值是从各指标的差异程度出发而得到的。主成分分析的优势在于：它考虑了指标间的变异程度，而且同时也考虑了指标间的相互关系，所以主成分综合得到的信息能力最强，最大限度地反映了客观实际情况。从表3-6可以得出，依据各市(州)国民生产总值的第一主成分值可知，成都市是所有市(州)中经济发展的“领头羊”，其国民生产总值、社会消费总额、职工工资在省内均排第一位，经济发展最具活力；绵阳市属于成都平原上的地区，经济发展潜力较大，成都、绵阳、德阳等市均是四川经济发展第一圈层内的地区。

3.2.2 因子分析法

1. 因子分析模型

因子分析(factor analysis)也是一种较为实用的多元统计方法，它是在主分量分析的基础上发展起来的。

因子分析的数学模型是把 p 个观测变量分别表示为 $m<p$ 个公共因子和一个独特因子的加权线性和，即：

$$Z_i=a_{i1}F_1+a_{i2}F_2+\cdots+a_{im}F_m+a_i\varepsilon_i$$
$$i=1,2,\cdots,p \tag{3-26}$$

在因子分析模型中，i 代表各评价指标序号；x_i 为原变量(观测变量)；Z_i 为原变量的标准化变量；$F_1,F_2,\cdots,F_m$ 为公共因子，它们是在各个变量中共同出现的因子，因子之间通常是彼此独立的；j 代表因子序号，$j=1,2,\cdots,m(m\leqslant p)$；$\varepsilon_i$ 为独特因子，是各个对应变量 x_i 所特有的因子，如 ε_1 为 x_1 所独有的因子；系数 a_i 为独特因子负荷，在实际应用中 a_i 常常取0，即忽略不计随机项 ε_i；a_{ij} 是第 i 个变量在第 j 个公共因子上的系数，也叫因子负荷。$\mathbf{A}=[a_{ij}]$叫因子负荷矩阵。实质上，因子负荷就是变量 Z_{ij} 与公共因子 F_j 之间的相关系数，它反映了第 i 个变量在第 j 个公共因子上的相对重要性。反过来说，它也是某一因子在某一变量信息的概括表示中所作贡献大小的指标。

因子负荷矩阵中各行元素平方之和

$$h_i^2=\alpha_{i1}^2+\alpha_{i2}^2+\cdots+\alpha_{im}^2 \tag{3-27}$$

称为变量 Z_i 的公共因子方差，也叫共同度。

每一个变量 Z_i 的方差可用下式表示：

$$D_{zi}=a_{i1}^2DF_1+a_{i2}^2DF_2+\cdots+a_{im}^2DF_m+a_i^2D_{\varepsilon i} \tag{3-28}$$

由于对原观测变量、公共因子和独特因子进行了标准化处理，所以有

$$1=h_i^2+a_i^2 \tag{3-29}$$

上式表明，变量 Z_i 的方差由两部分组成：一部分是公共因子方差，它表明全部公共因子对变量总方差的贡献，h_i^2 越接近 1，说明变量的原始信息被公共因子概括表示的程度越高，因子分析越有效；另一部分则是特殊因子的方差。

因子负荷矩阵各列元素的平方和 S_j 为单个公共因子 F_j 的方差贡献：

$$S_j^2=\alpha_{1j}^2+\alpha_{2j}^2+\cdots+\alpha_{pj}^2 \tag{3-30}$$

它是衡量某个公共因子相对重要性的指标，即在 x_i 的总方差中，公共因子 F_j 说明了其中若干方差。它等于公共因子 F_j 所对应的特征值，即：

$$S_j^2=\alpha_{1j}^2+\alpha_{2j}^2+\cdots+\alpha_{pj}^2=\lambda_j \tag{3-31}$$

因此，在确定公共因子个数时，就往往以特征根 λ_j 的累计百分数达到某一阈值(85%)为依据。

2. 因子分析的作用及其在多指标综合评价中的应用

因子分析的思想就是要从有关变量交互相关的数据中，找出其中潜藏着起决定作用的若干基本因子，从而得到对事物更深刻的认识。因此，因子分析的主要内容就是把相关矩阵通过一系列数学处理，得出一个较易揭示事物内部联系的因子负荷矩阵，从而确定具体的因子模型。

确定了因子模型，就可以确定公共因子在全部的变量变差中所起作用的大小以及各个变量变差公共性的大小，同时，还可以由负荷系数的大小判断公共因子的性质，并用少数几个公共因子有效地代替原来多个变量来说明样本。

抽取公共因子的过程实际上是对 p 维观测变量 x_i 的协方差矩阵进行一种分解，把具有公共变因的变差由大到小地一部分一部分地分解出来。对标准化变量而言，协方差矩阵与相关矩阵是一致的，所以对协方差矩阵的分解转成了相关矩阵的分解，因而因子分析也是从相关矩阵开始的。

在多指标综合评价的应用上，因子分析与主成分分析的基本思想是大致相同的，也要计算出一个综合评价值，不过这里综合评价值应是对公共因子的合成。在综合评价过程中，也要完成主成分分析进行多指标综合评价所做的四项基本工作：解决变量的可综合性问题、消除变量间相关对评价结果的影响、确定合成所用权重、减少评价指标维数。

3. 因子分析进行多指标综合评价的基本步骤

用因子分析进行多指标综合评价，一般包括以下 9 个步骤：

(1) 将原始变量数据标准化。

(2) 求解标准化变量的相关矩阵。

(3) 求解相关矩阵 $\boldsymbol{R}$ 的特征根、特征向量和贡献率。

(4) 确定公共因子个数。

以上四个步骤与主分量分析中的前四个步骤是完全相同的。

(5) 求解初始因子负荷矩阵。这一步也就是求解因子模型

$$\boldsymbol{Z}=\boldsymbol{A}\boldsymbol{F}$$

$$\boldsymbol{Z}=\begin{pmatrix} Z_1 \\ \vdots \\ Z_p \end{pmatrix} \quad \boldsymbol{F}=\begin{pmatrix} F_1 \\ \vdots \\ F_m \end{pmatrix} \tag{3-32}$$

中因子系数 $\boldsymbol{A}$ 的初始解。将由 $\boldsymbol{R}$ 矩阵解得的特征向量 $\boldsymbol{U}_{ij}$ 正规化,即求解:

$$T_{ij}=\frac{1}{|\boldsymbol{U}_{ij}|}\boldsymbol{U}_{ij} \tag{3-33}$$

再将正规化特征向量与$\sqrt{\lambda_j}$相乘,就得到了初始因子负荷矩阵 $\boldsymbol{A}$,即:

$$(A_{ij})=(T_{ij}\sqrt{\lambda_i}) \tag{3-34}$$

(6) 对初始因子负荷矩阵进行旋转处理。之所以要进行旋转处理,是因为有时候求得的初始因子负荷矩阵往往难以对公共因子的性质作出适当说明,难以解释实际问题。因子旋转的目的是使各个因子的负荷值尽可能地向 1 或 0 两个极值转化,这样就易于说明某个公共因子集中代表了哪些变量的变差信息,从而也就易于了解公共因子的性质了。

(7) 对因子的社会经济含义说明。这一步与主分量分析中的做法基本相同,就是根据其因子在若干变量上负荷值的高低正负以及这些变量的共性,来说明该因子的社会经济含义。

(8) 估计因子得分。在主成分分析中,由于将分量表现为原变量的线性组合,所以计算分量综合评价值的公式是现成的;在因子分析中恰恰相反,是变量表现为各公共因子线性组合,而计算因子得分却要求将因子表现为原变量的线性组合,由于 $m\times p$ 阶矩阵 $\boldsymbol{A}$ 不是可逆的,即因子与原变量之间不存在可逆关系,所以不能把因子精确地表现为变量的线性组合,就是说因子得分在理论上是不可测的。然而在实际问题的应用中,人们一旦获得了公共因子和因子负荷后,总希望根据这些信息反过来考察每个样本的状况,这就要采用一定的方法来估计因子得分。估计因子得分的方法不止一种,比较常用的是汤姆森(Thompson)因子得分。

汤姆森假设因子可以对 p 个变量进行回归,即建立回归方程:

$$F_j=b_{j0}+b_{j1}x_1+b_{j2}x_2+\cdots+b_{jp}x_p \tag{3-35}$$

由于变量和因子均已标准化,所以有

$$b_{j0}=0 \tag{3-36}$$

由最小二乘估计求得因子得分系数矩阵

$$\boldsymbol{B}=\boldsymbol{A}'\boldsymbol{R}^{-1} \tag{3-37}$$

式中,$\boldsymbol{R}$ 为原变量的相关系数矩阵;当因子正交时,$\boldsymbol{A}'$为旋转后因子负荷矩阵 $\boldsymbol{A}$ 的转置;当因子斜交时,$\boldsymbol{A}'$为因子结构矩阵的转置。

由因子得分系数矩阵 $\boldsymbol{B}$ 和原观测变量标准化后的矩阵 $\boldsymbol{Z}$,可以求得因子得分的估计值,即

$$\hat{\boldsymbol{F}}_j = \boldsymbol{BZ} \tag{3-38}$$

(9) 求综合评价 F 值——总因子分数估计值 $\hat{F}$。对每一个评价对象来说，有若干个因子得分，要对样本排序，并进行综合评价，还要计算因子得分估计值的合成分数，也就是计算这些因子得分估计值的线性加权和。其权重自然是采用每个因子的方差贡献率 $\lambda_j \Big/ \sum_{j=1}^{m} \lambda_j$，则有

$$\hat{\boldsymbol{F}}_j = \sum_{j=1}^{m} \hat{\boldsymbol{F}}_j w_j$$

$$w_j = \lambda_j \Big/ \sum_{j=1}^{m} \lambda_j \tag{3-39}$$

依据 $\hat{F}$ 的大小即可进行评价结果分析。

【例 3-3】 为了科学、客观、准确地衡量我国主要城市的经济实力，根据指标选取的客观性、可比性、间接性和可操作性的原则，选取了 10 个指标：X_1——地区生产总值(万元)；X_2——第二产业增加值(万元)；X_3——客运量(万元)；X_4——货运量(万吨)；X_5——地方财政预算内收入(万元)；X_6——固定资产投资总额(万元)；X_7——城乡居民储蓄年末余额(万元)；X_8——在岗职工平均工资(元)；X_9——社会商品零售总额(万元)；X_{10}——货物进出口总额(万美元)。请用因子分析法对我国主要城市的经济发展综合水平进行评价。

将数据进行标准化处理后，缺失值用该指标在各城市中的均值代替，标准化后的数据均值为 0，方差为 1。

因子分析的适用性检验：经检验 KMO 测度值为 0.829，Bartlett 球体检验的 P 值为 0.000，检验结果说明本数据进行因子分析是很合适的。计算特征根和方差贡献率，如表 3-7 所示。

表 3-7 特征根与方差贡献率表

因子	合计	方差贡献率(%)	累计百分比(%)	合计	方差贡献率(%)	累计百分比(%)
1	7.525	75.248	75.248	7.525	75.248	75.248
2	1.228	12.280	87.528	1.228	12.280	87.528
3	0.466	4.660	92.188			
4	0.320	3.196	95.384			
5	0.258	2.581	97.965			
6	0.095	0.949	98.914			
7	0.075	0.755	99.668			
8	0.020	0.200	99.868			
9	0.011	0.111	99.979			
10	0.002	0.021	100.000			

由表 3-7 可以看出：提取两个因子累计方差率就达到了 87.5%，已经将原数据中的大部分信息提取出来了，因此可选取两个公因子。为了得到意义明确的因子含义，将因子载荷矩阵进行最大方差法旋转，得到旋转后的因子载荷矩阵如表 3-8 所示。

表 3-8 旋转因子载荷矩阵

因子	因子	
	1	2
地区生产总值(当年价格)(万元)	0.900	0.418
第二产业增加值(万元)	0.850	0.428
客运量(万人)	−0.034	0.912
货运量(万吨)	0.566	0.684
地方财政预算内收入(万元)	0.932	0.275
固定资产投资总额(万元)	0.689	0.629
城乡居民储蓄年末余额(万元)	0.878	0.400
在岗职工平均工资(元)	0.827	−0.035
社会商品零售总额(万元)	0.846	0.473
货物进出口总额(万美元)	0.932	0.032

从旋转后的因子载荷阵看到，因子 1 在 $X_1,X_2,X_5,X_6,X_7,X_8,X_9,X_{10}$ 上有较大载荷，说明地区生产总值、第二产业增加值、地方财政预算内收入、固定资产投资总额、城乡居民年底储蓄余额、在岗职工平均工资、社会商品零售总额、进出口总额有较强的相关性，可以归为一类，这 8 个指标主要反映了一个城市的经济实力，即当前的经济发展水平，因此可以把第 1 个因子命名为"经济水平因子"，在这个因子上得分越高，该城市经济发展水平越高，该城市的经济实力越强。因子 2 在 X_3,X_4 上的载荷较大，说明客运总量、货运总量这两个指标有较强的相关性，可以归为一类，这两个指标主要反映了一个城市的运输能力，运输能力的大小可以间接带动一个城市的发展，因此，可以把因子 2 命名为"经济发展的带动因子"。

计算因子得分并排名，如表 3-9 所示。

表 3-9 因子得分系数矩阵

因子	因子	
	1	2
地区生产总值(当年价格)(万元)	0.130	0.035
第二产业增加值(万元)	0.114	0.055
客运量(万人)	−0.260	0.625
货运量(万吨)	−0.034	0.306
地方财政预算内收入(万元)	0.178	−0.070
固定资产投资总额(万元)	0.015	0.235
城乡居民储蓄年末余额(万元)	0.129	0.029
在岗职工平均工资(元)	0.235	−0.251
社会商品零售总额(万元)	0.100	0.087
货物进出口总额(万美元)	0.245	−0.234

根据因子得分系数矩阵(见表 3-8),得旋转后的因子得分表达式:

$$F_1 = 0.130X_1 + 0.114X_2 - 0.260X_3 - 0.034X_4 + 0.178X_5 + 0.015X_6 + 0.129X_7 + 0.235X_8 + 0.100X_9 + 0.245X_{10}$$

$$F_2 = 0.035X_1 + 0.055X_2 + 0.625X_3 0.306X_4 - 0.070X_5 + 0.235X_6 + 0.029X_7 - 0.251X_8 + 0.087X_9 - 0.234X_{10}$$

根据以上因子得分表达式可以计算出我国主要城市在各公因子上的得分及排名,以提取的各公共因子的方差贡献率占提取公共因子的总方差贡献率的比重作为权重,将各公共因子得分进行加权汇总,作为样本的综合得分。

$$F = \frac{\lambda_1}{\sum_{i=1}^{10}\lambda_i}F_1 + \frac{\lambda_2}{\sum_{i=1}^{10}\lambda_i}F_2$$

得分及排名如表 3-10 所示:各公共因子得分及综合得分有正有负,负值可以认为在该方面该地区的经济状况低于全国平均水平。

表 3-10 我国主要城市在各公共因子上的得分及排名

编号	城市	因子 1 得分	因子 1 排名	因子 2 得分	因子 2 排名	综合得分	综合排名
1	北京	2.821 56	2	−0.008 89	18	2.12	2
2	天津	0.944 3	4	0.277 63	11	0.74	5
3	石家庄	−0.521 77	29	0.229 27	12	−0.36	26
4	太原	−0.374 61	22	−0.519 95	27	−0.35	24
5	呼和浩特	−0.424 95	25	−0.786 31	30	−0.42	30
6	沈阳	0.006 6	10	0.182 41	14	0.03	11
7	大连	−0.001 43	11	0.343 77	9	0.04	10
8	长春	−0.314 26	17	−0.285 33	22	−0.27	18
9	哈尔滨	−0.361 42	21	−0.181 04	21	−0.29	22
10	上海	4.023 24	1	0.515 74	6	3.09	1
11	南京	0.188 24	7	0.298 5	10	0.18	7
12	杭州	0.308 41	6	0.428 44	8	0.28	6
13	宁波	0.040 42	9	0.560 65	5	0.1	8
14	合肥	−0.394 98	24	−0.444 94	25	−0.35	25
15	福州	−0.341 63	18	−0.163 27	20	−0.28	21
16	厦门	−0.115 02	13	−0.941 71	31	−0.2	16
17	南昌	−0.436 22	26	−0.646 18	28	−0.41	28
18	济南	−0.287 5	16	0.068 83	15	−0.21	17
19	青岛	−0.039 19	12	0.778 56	4	0.07	9
20	郑州	−0.385 38	23	0.185 95	13	−0.27	19
21	武汉	−0.181 18	14	0.487 5	7	−0.08	12
22	长沙	−0.228 87	15	−0.089 57	19	−0.18	13
23	广州	0.737 09	5	1.858 2	2	0.78	4
24	深圳	2.013 69	3	−1.120 03	34	1.38	3
25	南宁	−0.568 08	31	−0.459 32	26	−0.48	32
26	海口	−0.784 1	34	−0.398 55	24	−0.64	35

续表

编号	城市	因子1得分	因子1排名	因子2得分	因子2排名	综合得分	综合排名
27	重庆	−1.048 64	36	3.973 93	1	−0.3	23
28	成都	−0.535 11	30	1.808 37	3	−0.18	14
29	贵阳	−0.909 3	35	0.041 78	16	−0.68	36
30	昆明	−0.499 44	28	−0.291 07	23	−0.41	29
31	拉萨	0.058 2	8	−1.858 79	36	−0.18	15
32	西安	−0.358 08	20	0.000 23	17	−0.27	20
33	兰州	−0.610 7	32	−0.762 13	29	−0.55	33
34	西宁	−0.631 76	33	−0.982 94	33	−0.6	34
35	银川	−0.447 9	27	−1.121 82	35	−0.47	31
36	乌鲁木齐	−0.345 83	19	−0.977 89	32	−0.38	27

运用因子分析法对我国主要城市经济发展综合水平进行了综合得分及各个因子得分的排序。通过以上分析，可以得出结论：上海、北京、深圳、广州与其他主要城市相比，无论是目前的经济发展水平还是综合实力都有较大的差距，而西部城市只有拉萨的经济正在日渐提高发展速度，国家还应该继续大力度扶持中西部的发展，维护好发达城市的经济发展速度，打破地区之间发展不平衡的现状。

3.2.3 判别分析法

判别分析法是多元统计分析中用来判别样本（即评价对象）所属类型的一种方法，其特点是根据已掌握的、历史上每个类别的若干样本的数据信息，总结出客观事物分类的规律性，建立判别公式和判别准则，然后当遇到新的样本点时，只要根据总结出来的判别公式和判别准则，就能判别该样本点所属的类别。

如果已知某事物可分为 k 个总体：$G_1,G_2,\cdots,G_k$，该事物的特性可由 p 个变量指标描述，并在进行分析之前，已观察到在 G_1 中的 n_1 个样本，在 G_2 中的 n_2 个样本……这些数据信息可由下面的数据矩阵表示：

$$\begin{array}{l} \qquad x_1,x_2,\cdots,x_p \\ \begin{array}{c} \boldsymbol{G}_1\left\{\begin{array}{c}\\ \\ \\ \end{array}\right. \\ \boldsymbol{G}_2\left\{\begin{array}{c}\\ \\ \\ \end{array}\right. \\ \vdots \\ \boldsymbol{G}_k\left\{\begin{array}{c}\\ \\ \\ \end{array}\right. \end{array} \left(\begin{array}{cccc} x_{11}^{(1)} & x_{12}^{(1)} & \cdots & x_{1p}^{(1)} \\ \vdots & \vdots & & \vdots \\ x_{n_1 1}^{(1)} & x_{n_1 2}^{(1)} & \cdots & x_{n_1 p}^{(1)} \\ x_{11}^{(2)} & x_{12}^{(2)} & \cdots & x_{1p}^{(2)} \\ \vdots & \vdots & & \vdots \\ x_{n_2 1}^{(2)} & x_{n_2 2}^{(2)} & \cdots & x_{n_2 p}^{(2)} \\ \vdots & & & \\ x_{11}^{(k)} & x_{12}^{(k)} & \cdots & x_{1p}^{(k)} \\ \vdots & \vdots & & \vdots \\ x_{n_k 1}^{(k)} & x_{n_k 2}^{(k)} & \cdots & x_{n_k p}^{(k)} \end{array}\right)_{n\times p} \end{array} \qquad n=n_1+n_2+\cdots+n_k \tag{3-40}$$

判别分析法将根据这些已知的信息，建立事物分类的判别规则，以便今后用于判别一些新的样本点的总体归属。一般来说，综合评价过程中常用以下两个总体情况下的距离判别法。

距离判别法的思想十分简单、直观。假设有两个总体 $\boldsymbol{G}_1$ 和 $\boldsymbol{G}_2$，$x\in\mathbf{R}^p$ 是一个新样本点，如果能够定义 $\boldsymbol{x}$ 到 $\boldsymbol{G}_1$ 和 $\boldsymbol{G}_2$ 的距离 $d(\boldsymbol{x},\boldsymbol{G}_1)$ 和 $d(\boldsymbol{x},\boldsymbol{G}_2)$，则可用如下规则进行判别：

$$\begin{cases}\boldsymbol{x}\in\boldsymbol{G}_1 & 若\ d(\boldsymbol{x},\boldsymbol{G}_1)<d(\boldsymbol{x},\boldsymbol{G}_2)\\ \boldsymbol{x}\in\boldsymbol{G}_2 & 若\ d(\boldsymbol{x},\boldsymbol{G}_2)<d(\boldsymbol{x},\boldsymbol{G}_1)\\ 待判 & 若\ d(\boldsymbol{x},\boldsymbol{G}_2)=d(\boldsymbol{x},\boldsymbol{G}_1)\end{cases} \tag{3-41}$$

在判别分析中常采用马哈拉诺比斯(Mahalanobis)距离，简称马氏距离。采用马氏距离的基本假设是 G_1 和 G_2 均为正态总体，这时：

$$\begin{aligned}d^2(x,G_1)&=(x-\mu^{(1)})'\boldsymbol{\Sigma}_1^{-1}(x-\mu^{(1)})\\ d^2(x,G_2)&=(x-\mu^{(2)})'\boldsymbol{\Sigma}_2^{-1}(x-\mu^{(2)})\end{aligned} \tag{3-42}$$

式中，$\mu^{(1)}$，$\mu^{(2)}$，$\boldsymbol{\Sigma}_1$，$\boldsymbol{\Sigma}_2$ 分别是 G_1 和 G_2 的均值和协方差阵。

马氏距离的主要优点是可以克服变量之间的相关性干扰，并且消除各变量量纲的影响。

1. 线性判别函数

在两总体的距离判别问题中，如果有两总体的协方差矩阵相等，即 $\Sigma_1=\Sigma_2=\Sigma$，则可推导出一个线性的判别函数，即：

$$\begin{aligned}&d^2(x,G_1)-d^2(x,G_2)\\ &=(x-\mu^{(1)})'\boldsymbol{\Sigma}^{-1}(x-\mu^{(1)})-(x-\mu^{(2)})'\boldsymbol{\Sigma}^{-1}(x-\mu^{(2)})\\ &=-2\big(x-(\mu^{(1)}+\mu^{(2)})/2\big)'\boldsymbol{\Sigma}^{-1}(\mu^{(1)}-\mu^{(2)})\end{aligned}$$

$$令：\quad \bar{\mu}=(\mu^{(1)}+\mu^{(2)})/2,a=\boldsymbol{\Sigma}^{-1}(\mu^{(1)}-\mu^{(2)}) \tag{3-43}$$

同时，记

$$w(x)=\big(d^2(x,G_2)-d^2(x,G_1)\big)/2$$

$$则：\quad w(x)=(x-\bar{\mu})'\boldsymbol{\Sigma}^{-1}(\mu^{(1)}-\mu^{(2)})=a'(x-\bar{\mu}) \tag{3-44}$$

所以，判别规则式可表示为

$$\begin{cases}x\in G_1 & 若\ w(x)>0\\ x\in G_2 & 若\ w(x)<0\\ 待判 & 若\ w(x)=0\end{cases} \tag{3-45}$$

这个规则取决于 $W(x)$ 的值，因此，称 $W(x)$ 是一个判别函数。可以看出，$W(\boldsymbol{x})$ 是 $\boldsymbol{x}$ 的线性函数。判别规则是看 $W(x)$ 是大于 0 还是小于 0，这个 0 值被称为阈值点。

$W(\boldsymbol{x})$ 的几何意义是，若以 $\boldsymbol{\Sigma}^{-1}$ 为度量矩阵，并且令 $W(x)=0$，则有

$$(x-\bar{\mu})'\boldsymbol{\Sigma}^{-1}(\mu^{(1)}-\mu^{(2)})=0$$

即：

$$(x-\bar{\mu})\perp(\mu^{(1)}-\mu^{(2)}) \tag{3-46}$$

因此，$W(x)=0$ 是一个过点 $\bar{\mu}=(\mu^{(1)}+\mu^{(2)})/2$，并且垂直于 $\mu^{(1)}$ 和 $\mu^{(2)}$ 连线的一个平面，空间虚拟平面把空间的点分为两部分：一部分属于 $\boldsymbol{G}_1(W(\boldsymbol{x})>0)$，另一部分属于 $\boldsymbol{G}_2(W(\boldsymbol{x})<0)$。

当总体的均值 $\mu^{(1)}$ 和 $\mu^{(2)}$ 及方差阵$\boldsymbol{\Sigma}$ 未知时，可以通过样本来估计。假设 $x_1^{(1)},x_2^{(1)},\cdots,x_{n_1}^{(1)}$ 是来自 G_1 的样本，$x_1^{(2)},x_2^{(2)},\cdots,x_{n2}^{(2)}$ 是来自 $\boldsymbol{G}_2$ 的样本，则有

$$\hat{\mu}^{(1)}=\frac{1}{n_1}\sum_{i=1}^{n_1}x_i^{(1)}=\bar{x}^{(1)}$$

$$\hat{\mu}^{(2)}=\frac{1}{n_2}\sum_{i=1}^{n_2}x_i^{(2)}=\bar{x}^{(2)}$$

$$\boldsymbol{\Sigma}=\frac{1}{n_1+n_2-2}(A_1+A_2) \tag{3-47}$$

其中：

$$A_a=\sum_{j=1}^{n_a}(x_j^{(a)}-\bar{x}^{(a)})(x_j^{(a)}-\bar{x}^{(a)})',\quad a=1,2 \tag{3-48}$$

特别地，当 x 为一维变量（$p=1$）时，两个总体呈现图 3-2 的状态，这时平面 $W(x)$ 退化成直线 $x=\bar{\mu}$，$W(x)$ 的符号取决于 $x>\bar{\mu}$ 抑或 $x<\bar{\mu}$。

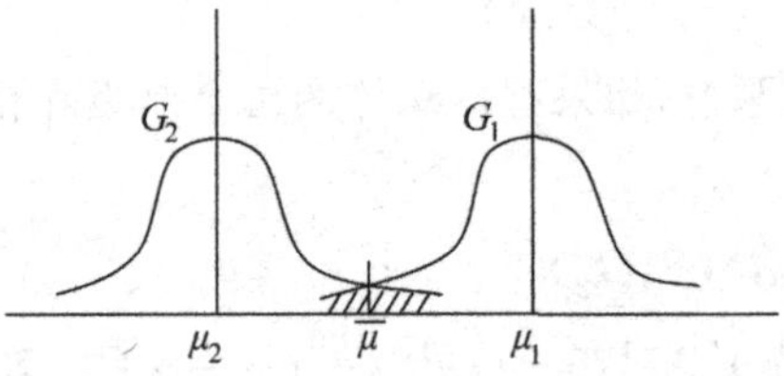

图 3-2　$p=1$ 时两总体判别问题

从图 3-1 可以看出，用距离判别存在着一定的误判概率。例如，当 x 来自总体 G_1，但落在 $\bar{\mu}$ 的左边，按照规则应判断 x 来自 G_2，类似地，也可能把来自 G_2 的点误判为来自 G_1。这种错误的概率为图中的阴影部分。因此，很显然如果两个总体靠得很近，则误判概率一定很大，这是在分析时应该尽量避免的。

2. 非线性判别函数

当两个总体的方差矩阵不相同时，判别函数 $W(x)$ 可定义如下：

$$\begin{aligned}W_{(x)}&=d^2(x,G_2)-d^2(x,G_1)\\&=(x-\mu^{(2)})'\boldsymbol{\Sigma}_2^{-1}(x-\mu^{(2)})-(x-\mu^{(1)})'\boldsymbol{\Sigma}_1^{-1}(x-\mu^{(1)})\end{aligned} \tag{3-49}$$

当采用样本来估计 $\mu^{(k)}$ 和$\boldsymbol{\Sigma}_k$ 时，有

$$\hat{\mu}^{(k)}=\frac{1}{n_k}\sum_{i=1}^{n_k}x_i^k=\bar{x}^{(k)} \tag{3-50}$$

$$\hat{\boldsymbol{\Sigma}}_k=\frac{1}{n_k-1}\sum_{i=1}^{n_k}(x_i^{(k)}-x^{(k)})(x_i^{(k)}-x^{(k)})',\quad k=1,2 \tag{3-51}$$

这时，判别函数 $W(x)$ 不再是线性函数。判别规则为：

$$\begin{cases} x \in G_1 & 若 W(x) > 0 \\ x \in G_2 & 若 W(x) < 0 \\ 待判 & 若 W(x) = 0 \end{cases} \tag{3-52}$$

当 $p=1$，即当 x 是一维变量时，$x^{(1)}$ 和 $x^{(2)}$ 均为实数，$\hat{\boldsymbol{\Sigma}}_1$ 和 $\hat{\boldsymbol{\Sigma}}_2$ 也变成样本方差 S_1^2 和 S_2^2，不失一般性，设 $\mu^{(2)} < \mu^{(1)}$，这时马氏距离如下：

$$d(x, G_k) = \frac{|x - x^{(k)}|}{S_k}, \quad k = 1, 2 \tag{3-53}$$

当 $x^{(2)} < x < x^{(1)}$ 时，

$$W(x) = \frac{x - x^{(2)}}{S_2} - \frac{-(x - x^{(1)})}{S_1} = \frac{S_1 + S_2}{S_1 S_2}(x - \mu^*) \tag{3-54}$$

其中：

$$\mu^* = \frac{S_1 x^{(2)} + S_2 x^{(1)}}{S_1 + S_2} \tag{3-55}$$

判别规则为：

$$\begin{cases} x \in G_1 & 若 x > \mu^* \\ x \in G_2 & 若 x < \mu^* \\ 待判 & 若 x = \mu^* \end{cases} \tag{3-56}$$

3. 等方差性检验

从前面的讨论可以看出，线性判别函数的导出，是利用了两总体协方差矩阵相等的条件，即 $\boldsymbol{\Sigma}_1 = \boldsymbol{\Sigma}_2$。而对于二次判别函数，这两个总体的协方差阵不相等，即 $\boldsymbol{\Sigma}_1 \neq \boldsymbol{\Sigma}_2$。在实际评价分析过程中，我们总是利用两总体的样本方差阵 $\hat{\boldsymbol{\Sigma}}_1$ 和 $\hat{\boldsymbol{\Sigma}}_2$ 来估计 $\boldsymbol{\Sigma}_1$ 和 $\boldsymbol{\Sigma}_2$。这两个估计矩阵在数值上一般是不会相等的。这种不相等有可能是由于 $\boldsymbol{\Sigma}_1 \neq \boldsymbol{\Sigma}_2$ 造成的，但也可能是在 $\boldsymbol{\Sigma}_1 = \boldsymbol{\Sigma}_2$ 的条件下，由抽样的随机误差造成的。因此，必须根据样本来检验 $\boldsymbol{\Sigma}_1$ 与 $\boldsymbol{\Sigma}_2$ 是否相等，然后决定是否采用线性判别函数。

$\boldsymbol{\Sigma}_1 = \boldsymbol{\Sigma}_2$ 的检验可以利用 χ^2 检验。

原假设 H_0：$\boldsymbol{\Sigma}_1 = \boldsymbol{\Sigma}_2$

对立假设 H_1：$\boldsymbol{\Sigma}_1 \neq \boldsymbol{\Sigma}_2$

则检验统计量 χ_0^2 如下：

$$\chi_0^2 = \left[1 + \left(\frac{1}{n_1 - 1} + \frac{1}{n_2 - 1} - \frac{1}{n_1 + n_2 - 2}\right) \times \frac{2p^2 + 3p - 1}{6(p+1)}\right] \ln \frac{|\boldsymbol{\Sigma}|^{n_1 + n_2 - 2}}{|\boldsymbol{\Sigma}_1|^{n_1 - 1} |\boldsymbol{\Sigma}_2|^{n_2 - 1}} \tag{3-57}$$

χ_0^2 在 H_0 假设下服从自由度为 $p(p+1)/2$ 的 χ^2 分布。因此，在显著性水平 α 下，若有 $\chi_0^2 \geqslant \chi_\alpha^2(p(p+1)/2)$，则否定 H_0，而接受 H_1，这时必须采用二次判别函数。若有 $\chi_0^2 < \chi_\alpha^2(p(p+1)/2)$，则接受 H_0，可采用线性差别函数。

【例 3-4】 有两种已知的鸢尾花，分别是刚毛鸢尾(G_1)和变色鸢尾(G_2)，选择花萼长(X_1)和花萼宽(X_2)2 个指标进行测量，每种鸢尾花都测量了 50 株，即 $n_1=50, n_2=50$。表 3-11 列出了部分数据。现采集到一株鸢尾花新样品(待判样品)，则其变量值即花萼长 X_1 和花萼宽(X_2)分别如下：

$$\boldsymbol{X}=\begin{bmatrix}X_1\\X_2\end{bmatrix}=\begin{bmatrix}5.30\\3.21\end{bmatrix}$$

请用判别分析法判断待判样品属于哪一类？

表 3-11 鸢尾花样品数据 (单位：cm)

样品号	刚毛鸢尾(G_1)		变色鸢尾(G_2)	
	花萼长(X_1)	花萼宽(X_2)	花萼长(X_1)	花萼宽(X_2)
1	5.1	3.5	7	3.2
2	4.9	3	6.4	3.2
3	4.7	3.2	6.9	3.1
⋮	⋮	⋮	⋮	⋮
49	5.3	3.7	5.1	2.5
50	5.0	3.3	5.7	2.8

这里采用距离判别法，其思路是：根据两个类别的样本数据，分别计算出各类别的信息特征值，即样本均值和样本协方差矩阵。然后，计算待判样品的变量值与两个类别 G_1 和 G_2 的马氏距离，比较待判样品与哪一类的距离最小，就把待判样品归为哪一类。

经计算，类别 G_1 和类别 G_2 的样本均值(即为 $\overline{X_i}$)和样本协方差矩阵(即为 S_i)如下：

$$G_1:\overline{\boldsymbol{X}_1}=\begin{bmatrix}5.00\\3.43\end{bmatrix},\quad \boldsymbol{S}_1=\begin{bmatrix}0.222 & 0.097\\0.097 & 0.141\end{bmatrix}$$

$$G_2:\overline{\boldsymbol{X}_2}=\begin{bmatrix}5.94\\2.77\end{bmatrix},\quad \boldsymbol{S}_2=\begin{bmatrix}0.261 & 0.085\\0.085 & 0.261\end{bmatrix}$$

应用公式：

$$D_{XG_i}^2=(X-\overline{X_i})S_i^{-1}(X-\overline{X_i})\quad i=1,2$$

计算待判样品 X 到两个类别 G_1、G_2 的马氏距离的平方，得

$$D_{XG_1}^2=1.66,\quad D_{XG_2}^2=7.63$$

因为 $D_{XG_1}^2<D_{XG_2}^2$，所以该新样品属于类别 G_1。

以上例子实际上是关于两个总体(类别 G_1 和类别 G_2)的判别问题，为简便起见，本例仅选取了两个指标，而实际情况中可能涉及多个指标。

3.2.4 聚类分析

人类认识世界的一种重要方法是将认识对象进行分类，通常人们可以凭经验和专业知识来实现分类，而聚类分析作为一种定量方法，将从数据分析的角度，给出一个更准确、细致的分析工具。聚类分析是在事先对样本点(即评价对象)类别状况下进行的分类。聚类分析

的工作有两大项；一是解决相近或相似的变量问题；二是确定选用哪一种方式作为规则来归类。

1. 事物之间的相似性测度

(1) 样本点间的相似性测度。要用数量化的方法对事物进行分类，就必须用数量化的方法描述事物之间的相似程度。一个事物常常需要用多个变量来刻画。如果对于一群有待分类的样本点需用 p 个变量描述，则每个样本点可以看成是 R 空间中的一个点。因此，很自然地想到可以用距离来测度样本点间的相似程度。

设 Ω 是样本点集合。距离的定义是：设 $d(\cdot,\cdot)$是 $\Omega\times\Omega\to\mathbf{R}^+$ 的一个函数，它满足以下条件：

① $d(x,y)\geqslant 0,\forall x,y\in\Omega$；

② $d(x,y)=0$，并且仅当 $x=y$；

③ $d(x,y)=d(y,x),\forall x,y\in\Omega$；

④ $d(x,y)\leqslant d(x,z)+d(z,y),\forall x,y,z\in\Omega$。

这一距离的定义是我们所熟知的，它满足正定性、对称性和三角不等式。

在聚类分析中，对于定量变量，最常用的是闵可夫斯基距离：

$$d_p(x,y)=\left[\sum_{k=1}^{p}\mid x_k-y_k\mid^q\right]^{1/q},\quad q>0 \tag{3-58}$$

当 $q=1,2,\cdots,\infty$时，则分别得到

① 绝对值距离：

$$d_1(x,y)=\sum_{k=1}^{p}\mid x_k-y_k\mid \tag{3-59}$$

② 欧氏(Euclid)距离：

$$d_2(x,y)=\left[\sum_{k=1}^{p}(x_k-y_k{}^2)\right]^{1/2} \tag{3-60}$$

③ 切比雪夫距离：

$$d_\infty(x,y)=\max_{1\leqslant k\leqslant p}\mid x_k-y_k\mid \tag{3-61}$$

值得注意的是在采用闵可夫斯基距离时，一定要采用相同量纲的变量。如果变量的量纲不同，测量值变异范围相差悬殊时，建议首先进行数据的标准化处理，然后再计算距离。

在闵可夫斯基距离中，最常用的是欧氏距离。它的主要优点是当坐标轴进行正交旋转时，欧氏距离是保持不变的。因此，如果对原坐标系进行平移和旋转变换，则变换后样本点间的相似情况(即它们间的距离)完全相同于变换前的情形。

此外，在采用闵可夫斯基距离时，还应尽可能地避免变量的多重相关性。显而易见，多重相关性所造成的信息重叠，会片面强调某些变量的重要性。

(2) 类与类之间的相似性测度。如果有两类样本点 G_1 和 G_2，怎样测量它们之间的距离呢？假设 $d(\cdot,\cdot)$是从 $G_1\times G_2\to\mathbf{R}^+$ 的一个函数，我们称其为聚合指数，它有多种定义的方法。

① 最短距离法：

$$D(G_1,G_2)=\min_{\substack{x_i\in G_1\\ x_j\in G_2}}\{d(x,y)\} \tag{3-62}$$

它的直观意义为两个类中最近两点间的距离。

② 最长距离法：

$$D(G_1,G_2)=\max_{\substack{x_i\in G_1\\ x_j\in G_2}}\{d(x,y)\} \tag{3-63}$$

其直观意义为两个类中最远两点间的距离。

③ 重心法：

$$D(G_1,G_2)=d(\bar{x},\bar{y}) \tag{3-64}$$

其中，$\bar{x}$，$\bar{y}$ 分别为 G_1 和 G_2 的重心。

④ 类平均法：

$$D(G_1,G_2)=\frac{1}{n_1 n_2}\sum_{x_i\in G_1}\sum_{x_j\in G_2} d(x,y) \tag{3-65}$$

它等于 G_1 和 G_2 中两两样本点距离的平均，式中的 n_1 和 n_2 分别为 G_1 和 G_2 中的样本点个数。

⑤ 离差平方和法：

$$D_1=\sum_{x_i\in G_1}(x_i-\bar{x}_1)'(x_i-\bar{x}_1)$$

$$D_2=\sum_{x_j\in G_2}(x_i-\bar{x}_2)'(x_i-\bar{x}_2)$$

$$D_{1+2}=\sum_{x_i\in G_1\cup G_2}(x_k-\bar{x})'(x_k-\bar{x}) \tag{3-66}$$

其中：

$$\bar{x}_1=\frac{1}{n_1}\sum_{i\in G_1}x_i;\bar{x}_2=\frac{1}{n_2}\sum_{j\in G_2}x_j;\ \bar{x}=\frac{1}{n_1+n_2}\sum_{k\in G_1\cup G_2}x_k \tag{3-67}$$

则定义：

$$D(G_1,G_2)=D_{1+2}-D_1-D_2 \tag{3-68}$$

事实上，若 G_1 和 G_2 内部两点间距离很小，即它们依相似性能很好地各自聚为一类，并且这两类又能够充分分离(即 D_{1+2} 很大)，这时必然有

$D(G_1,G_2)=D_{1+2}-D_1-D_2$ 很大。因此，按定义可以认为，两类 G_1 和 G_2 之间的距离很大。

2. 确定聚类方式

聚类方式可概括为如图 3-3 所示。

在上述诸多聚类方式中，系统聚类法是最常用的一种方法，它的优点在于可以指出由粗到细的多种分类情况，典型的系统聚类结果总是由一个谱系图展示出来。

生成谱系图的工作步骤如下：

(1) 计算 n 个样品两两之间的距离$\{d_{ij}\}$，记为矩阵 $\boldsymbol{D}=(d_{ij})_{n\times n}$。

(2) 首先构造 n 个类，每一个类中只包含一个样品，每一类的平台高度均为零。

- 聚类方式
  - 系统聚类法
    - 最长距离法
    - 最短距离法
    - 中间距离法
    - 重心法
    - 类平均法
    - 可变类平均法
    - 可变法
    - 离差平方和法
  - 谱系聚类法
  - 动态聚类法
  - 模糊聚类法
  - 有序样品聚类法

图 3-3　聚类方式

(3) 合并距离最近的两类为新类，并且以这两类间的聚合指数作为谱系图中的平台高度。

(4) 计算新类与当前类的距离，若类的个数和已经等于 1，转入步骤(5)；否则，回到步骤(3)。

(5) 画谱系图。

(6) 决定类的个数和类。

显而易见，这种系统归类过程与计算类和类之间的聚合指数的方法有关，采用不同的聚合指数，有可能得出不同的聚类结果。

【例 3-5】 为了了解儿童的生长发育规律，今随机抽样统计了男孩从出生到 11 岁每年平均增长的重量数据如表 3-12 所示，请用聚类分析法分析男孩发育可分为几个阶段？

表 3-12　1～11 岁儿童每年平均增长的重量

年龄(岁)	1	2	3	4	5	6	7	8	9	10	11
增重(千克)	9.3	1.8	1.9	1.7	1.5	1.3	1.4	2.0	1.9	2.3	2.1

这是一个有序样本的聚类问题，通过图形可以看到男孩体重增加随年龄顺序变化的规律，从图 3-4 中可发现男孩发育分为几个阶段。

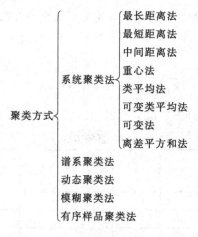

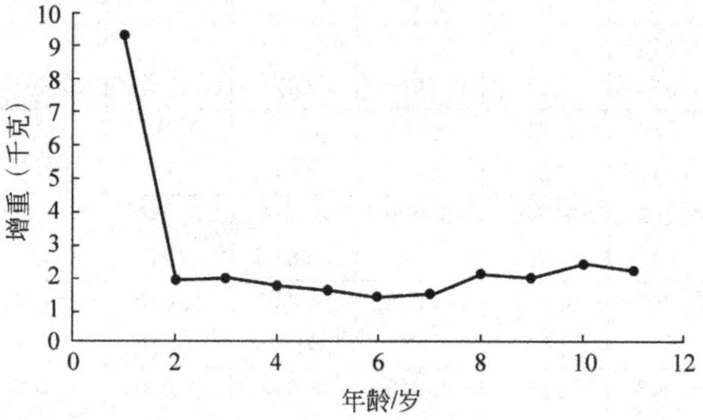

图 3-4　儿童成长阶段分析

下面通过有序样品的聚类分析确定男孩发育到底分为哪几个阶段。步骤如下：

(1) 计算直径$\{D(i,j)\}$，结果如表3-13所示。例如，计算$D(1,2)$，此类包含两个样品$\{9.3,1.8\}$，故有

$$\overline{X_G}=\frac{1}{2}(9.3+1.8)=5.55$$

$D(1,2)=(9.3-5.55)^2+(1.8-5.55)^2=28.125$。其他依此计算，其结果详见表3-13。

表3-13 直径$D(i,j)$

j \ i	1	2	3	4	5	6	7	8	9	10
2	28.125									
3	37.007	0.005								
4	42.208	0.020	0.020							
5	45.992	0.088	0.080	0.020						
6	49.128	0.232	0.200	0.080	0.020					
7	51.100	0.280	0.232	0.088	0.020	0.005				
8	51.529	0.417	0.393	0.308	0.290	0.287	0.180			
9	51.980	0.467	0.454	0.393	0.388	0.370	0.207	0.005		
10	52.029	0.802	0.800	0.774	0.773	0.708	0.420	0.087	0.080	
11	52.182	0.909	0.909	0.895	0.889	0.793	0.452	0.088	0.080	0.020

(2) 计算最小分类损失函数$\{L[p(l,k)]\}$，结果详见表3-14。

表3-14 最小分类损失函数$\{L[p(l,k)]\}$

l \ k	2	3	4	5	6	7	8	9	10
3	0.005 (2)								
4	0.020 (2)	0.005 (4)							
5	0.088 (2)	0.020 (5)	0.005 (5)						
6	0.232 (2)	0.040 (5)	0.020 (6)	0.005 (6)					
7	0.280 (2)	0.040 (5)	0.025 (6)	0.010 (6)	0.005 (6)				
8	0.417 (2)	0.280 (8)	0.040 (8)	0.025 (8)	0.010 (8)	0.005 (8)			
9	0.469 (2)	0.285 (8)	0.045 (8)	0.030 (8)	0.015 (8)	0.010 (3)	0.005 (8)		
10	0.802 (2)	0.367 (8)	0.127 (8)	0.045 (10)	0.030 (10)	0.015 (10)	0.010 (10)	0.005 (8)	
11	0.909 (2)	0.368 (8)	0.128 (8)	0.065 (10)	0.045 (11)	0.030 (11)	0.015 (11)	0.010 (11)	0.005 (11)

首先计算$\{L[p(1,2)],3\leqslant l\leqslant 11\}$(即表3-14中的$k=2$列),如计算

$$\begin{aligned}L[p(3,2)]&=\min_{2\leqslant j\leqslant 3}\{D(1,j-1)+D(j,3)\}\\&=\min\{D(1,1)+D(2,3),D(1,2)+D(3,3)\}\\&=\min\{0+0.005,28.125+0\}\\&=0.005\end{aligned}$$

极小值是在$j=2$处达到,故记$L[p(3,2)]=0.005(2)$,其他类似计算。

再计算$\{L[p(1,3)],4\leqslant l\leqslant 11\}$(即表3-14中的$k=3$列),如计算

$$\begin{aligned}L[p(4,3)]&=\min\{L[p(2,2)]+D(3,4),L[p(3,2)]+D(4,4)\}\\&=\min\{0+0.02,0.005+0\}\\&=0.005(4)\end{aligned}$$

表3-14中其他数值同样计算,括弧内的数字表示最优分割处的序号。

(3) 分类个数k的确定。如果能从生理角度事先确定k当然最好;当不能事先确定k时,可以从$L[p(l,k)]$随k的变化趋势图中找到拐点,作为确定k的根据。当曲线拐点很平缓时,可选择的k很多,这时需要用其他的方法来确定,如均方比和特征根法,有兴趣的读者可以查找其他相关资料。本例从表3-14中的最后一行可以看出$k=3,4$处有拐点,即分成3类或4类都是较合适的。

(4) 求最佳分类。例如,把儿童生长分成4个阶段,即可查表3-14中$k=4$列的最后一行(即$l=11$行)得$L[p(11,4)]=0.128(8)$,说明最优损失函数值为0.128,最后的最优分割在第8个元素处,因此$G_4=\{8\sim 11\}$或$G_4=\{2.0,1.9,2.3,2.1\}$。进一步从表中查$L[p(7,3)]=0.045(5)$,因此$G_3=\{5\sim 7\}$或$G_3=\{1.5,1.3,1.4\}$,再从表中查得$L[p(4,2)]=0.020(2)$,最后$G_2=\{2\sim 4\}$或$G_2=\{1.8,1.9,1.7\}$,剩下的$G_1=\{9.3\}$。

【例3-6】 假定对A,B,C,D四种样品分别测量两个变量X_1和X_2,得到结果见表3-15。试将四种样品聚成两类。

表3-15 样品测量结果

样品	变量	
	X_1	X_2
A	5	3
B	−1	1
C	1	−2
D	−3	−2

第一步,按要求取$k=2$,为了实现均值法聚类,将这些样品随意分成两类,如(A,B)和(C,D),然后计算这两个聚类的中心坐标,如表3-16所示。

表3-16 中心坐标

聚类	中心坐标	
	$\overline{X_1}$	$\overline{X_2}$
(A,B)	2	2
(C,D)	−1	−2

表 3-16 中的中心坐标是通过原始数据计算得来的，如(A,B)类的 $\overline{X_1}=\frac{5+(-1)}{2}=2$。

第二步，计算某个样品到各类中心的欧几里得平方距离，然后将该样品分配给最近的一类。对于样品有变动的类，重新计算它们的中心坐标，为下一步聚类做准备。先计算 A 到两个类的平方距离：

$$d^2(\mathrm{A},(\mathrm{AB}))=(5-2)^2+(3-2)^2=10$$
$$d^2(\mathrm{A},(\mathrm{CD}))=(5+1)^2+(3+2)^2=61$$

由于 A 到(A,B)的距离小于到(C,D)的距离，所以 A 不用重新分配。计算 B 到两类的平方距离：

$$d^2(\mathrm{B},(\mathrm{AB}))=(-1-2)^2+(1-2)^2=10$$
$$d^2(\mathrm{B},(\mathrm{CD}))=(-1+1)^2+(1+2)^2=9$$

由于 B 到(A,B)的距离大于到(C,D)的距离，所以 B 要分配给(C,D)类，得到新的聚类是(A)和(B,C,D)。更新中心坐标如表 3-17 所示。

表 3-17　更新后的中心坐标

聚类	中心坐标	
	$\overline{X_1}$	$\overline{X_2}$
(A)	5	3
(B,C,D)	−1	−1

第三步，再次检查每个样品，以决定是否重新分配。计算各样品到各中心的距离平方，得结果如表 3-18 所示。

表 3-18　样品聚类结果

聚类	中心坐标			
	A	B	C	D
(A)	0	40	41	89
(B,C,D)	52	4	5	5

到目前为止，每个样品都已经分配给距离中心最近的类，因此聚类过程到此结束。最终得到 $k=2$ 的聚类结果是 A 独自成一类，B,C,D 聚成一类。

3.2.5　距离综合评价方法

综合评价是通过描述被评价事物的多个指标来进行的，如果将指标看成变量，则在几何上将形成一个高维空间，而每个被评价事物由反映它的多个指标值在该空间中决定一个点。因此，从几何角度来看，综合评价的对象就是高维空间中的一些点，综合评价问题就变为对这些点进行总体评价或排序。受到聚类和判别分析的启示，一个直观而自然的想法就是在空间中确定出参考点，比如距最优样本点越近越好，距最劣样本点越远越好，这就是距离综合评价方法的基本思想。

设用 p 个指标对 n 个事物进行综合评价，原始数据构成如下矩阵：

$$\boldsymbol{X}'=(x'_{ij})_{n\times p},\quad i=1,2,\cdots,n;\ j=1,2,\cdots,p \tag{3-69}$$

距离综合评价需要经过以下几个步骤：

(1) 指标同向化。如果 p 个指标中有逆指标或适度指标，则要用有关方法将其转化为正指标，转化后的数据矩阵记为

$$\boldsymbol{X}=(x_{ij})_{n\times p},\quad i=1,2,\cdots,n;\ j=1,2,\cdots,p \tag{3-70}$$

(2) 无量纲化。选用合适的方法对数据进行无量纲化，变换后数矩阵记为

$$\boldsymbol{Y}'=(y'_{ij})_{n\times p},\quad i=1,2,\cdots,n;\ j=1,2,\cdots,p \tag{3-71}$$

(3) 构造加权矩阵。设已确定出各指标的权重为 $w_1,w_2,\cdots,w_p$，以它们为主对角线元素构造对角矩阵 $\boldsymbol{W}$，即：

$$\begin{pmatrix} w_1 & & & 0 \\ & w_2 & & \\ & & \ddots & \\ 0 & & & w_p \end{pmatrix}_{p\times p}=\boldsymbol{W} \tag{3-72}$$

则加权矩阵为

$$\boldsymbol{Y}'\boldsymbol{W}=\boldsymbol{Y}=(y_{ij})_{n\times p} \tag{3-73}$$

或

$$y_{ij}=w_j y'_{ij},\quad i=1,2,\cdots,n;\ j=1,2,\cdots,p \tag{3-74}$$

(4) 确定参考样本(虚拟的样本)。一般以最优样本(也称为理想样本)和最劣样本(也称为负理想样本)为参考样本。由于指标已正向化，所以可用所有参评样本中各指标的最大值构成最优样本，用各指标的最小值构成最劣样本。分别用 $\boldsymbol{Y}^+$ 和 $\boldsymbol{Y}^-$ 表示如下：

$$\begin{aligned}\boldsymbol{Y}^+&=(y_1^+,y_2^+,\cdots,y_p^+)^{\mathrm{T}}\\ \boldsymbol{Y}^-&=(y_1^-,y_2^-,\cdots,y_p^-)^{\mathrm{T}}\end{aligned} \tag{3-75}$$

其中：

$$\begin{aligned}\boldsymbol{Y}_j^+&=\max_{1\leqslant i\leqslant n}\{y_{ij}\}\\ \boldsymbol{Y}_j^-&=\min_{1\leqslant i\leqslant n}\{y_{ij}\},\quad j=1,2,\cdots,p\end{aligned} \tag{3-76}$$

(5) 计算距离。

① 样本点到最优样本点的距离：

$$D_i^+=\sqrt{\sum_{j=1}^{p}(y_{ij}-y_j^+)^2} \tag{3-77}$$

$$i=1,2,\cdots,n$$

D_i^+ 越小，第 i 个样本点距最优样本点越近，表示第 i 个被评价事物总体表现越好。当然为了排序方便，也可以将 D_i^+ 再进行一些变换，比如：

$$Z_i=\frac{100}{D_i^+} \tag{3-78}$$

用 Z_i 作为评价分值更符合习惯。

② 样本点到最优样本点的相对接近度：

$$C_i = \frac{D_i^-}{D_i^+ + D_i^-} \tag{3-79}$$

其中 D_i^- 为样本点到最劣样本点的距离：

$$D_i^- = \sqrt{\sum_{j=1}^{p}(y_{ij} - y_j^-)^2} \quad i = 1,2,\cdots,n \tag{3-80}$$

C_i 越大，表明样本点与最优样本点的相对距离越近。

③ 样本点在两参考点连线上的射影到最劣样本点的距离。设最优样本和最劣样本对应点分别为 A^+ 和 A^-，第 i 个样本点为 A_i，则该三点在 p 维空间中构成一个平面三角形，如图 3-5 所示，H 为 A_i 在线 A^-A^+ 上的投影，A^- 到 H 的距离 d_i 就是向量 $\overrightarrow{A^-A^+}$ 在向量 $\overrightarrow{A^-A^+}$ 上的射影 $\overrightarrow{A^-H}$ 的长度。记加权矩阵 $\boldsymbol{Y}$ 中第 i 个样本数据如下：

$$Y_i = (y_{i1}, y_{i2}, \cdots, y_{ip})^{\mathrm{T}} \tag{3-81}$$

易得：

$$d_i = \frac{(Y_i - Y^-)^{\mathrm{T}} \cdot (y^+ - Y^-)}{\| Y^+ - Y^- \|} = \frac{\sum_{j=1}^{p}(y_{ij} - y_j^-)(y_j^+ - y_j^-)}{\sqrt{\sum_{j=1}^{p}(y_j^+ - y_j^-)^2}} \tag{3-82}$$

上式中"·"为向量内积，"‖ ‖"为欧氏范数。最优样本 $\boldsymbol{Y}^+$ 和最劣样本 $\boldsymbol{Y}^-$ 的取法可以保证 $d_i \geqslant 0$。

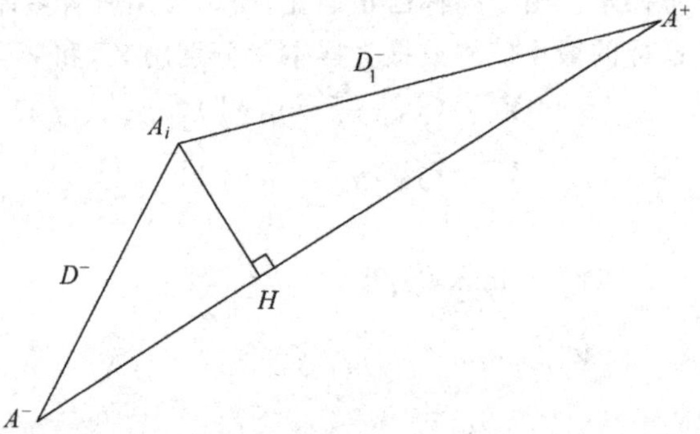

图 3-5 距离评价方法

(6) 由上一步计算结果对 n 个样本进行比较排序。

【例 3-7】 某医院 2000—2006 年工作质量指标如表 3-19 所示，请用距离综合评价方法对其工作质量进行评价。

表 3-19 某医院 2000—2006 年几项工作质量指标情况

年份	好转率	床位周转次数	平均病床工作日	平均费用值
2000	95.3	29.4	331.1	47.2
2001	96.3	26.9	332.9	41.8

续表

年份	好转率	床位周转次数	平均病床工作日	平均费用值
2002	95.9	24.7	329.4	50.5
2003	97.3	28.4	356.6	67.7
2004	98.1	28.8	378.7	40.8
2005	97.0	25.4	332.4	41.2
2006	97.2	25.5	333.5	41.9

在四个评价指标中，好转率、床位周转次数、平均病床工作日三个指标为正指标，平均费用值为逆指标，首先需将它正向化。对平均费用值取倒数后，发现数值太小(与其他三个指标相比)，为了减少计算误差，给倒数值再乘以100，可得数据矩阵为

$$\boldsymbol{X}=\begin{pmatrix} 95.3 & 29.4 & 331.1 & 2.119 \\ 96.3 & 26.9 & 332.9 & 2.392 \\ 95.9 & 24.7 & 329.4 & 1.980 \\ 97.3 & 28.4 & 356.6 & 1.477 \\ 98.1 & 28.8 & 378.7 & 2.451 \\ 97.0 & 25.4 & 332.4 & 2.427 \\ 97.2 & 25.5 & 333.5 & 2.387 \end{pmatrix}_{7\times 4}$$

进行无量纲化，即 X 中每一元素除以其所在列所有元素平方和的算术平方根，可得如下数据矩阵：

$$\boldsymbol{Y}'=\begin{pmatrix} 0.3724 & 0.4105 & 0.3654 & 0.3639 \\ 0.3763 & 0.3756 & 0.3673 & 0.4108 \\ 0.3747 & 0.3449 & 0.3635 & 0.3400 \\ 0.3802 & 0.3965 & 0.3935 & 0.2536 \\ 0.3833 & 0.4021 & 0.4179 & 0.4209 \\ 0.3790 & 0.3546 & 0.3668 & 0.4168 \\ 0.3798 & 0.3560 & 0.3680 & 0.4099 \end{pmatrix}_{7\times 4}$$

本例中各指标权数为1，因此加权数据阵 $Y=Y'$。根据数据阵 Y' 确定出两个参考样本如下：

$$\boldsymbol{Y}^{+}=(0.3833, 0.4105, 0.4179, 0.4209)^{\mathrm{T}}$$
$$\boldsymbol{Y}^{-}=(0.3724, 0.3449, 0.3635, 0.2536)^{\mathrm{T}}$$

然后计算各样本点与参考点的距离并排序，分别采用

$$D_i^{+}=\sqrt{\sum_{j=1}^{p}(y_{ij}-y_j^{+})^2} \quad i=1,2,\cdots,n \tag{3-83}$$

$$C_i=\frac{D_i^{-}}{D_i^{+}+D_i^{-}} \tag{3-84}$$

$$d_i=\frac{(\boldsymbol{Y}_i-\boldsymbol{Y}^{-})^{\mathrm{T}}(\boldsymbol{Y}^{+}-\boldsymbol{Y}^{-})}{\|\boldsymbol{Y}^{+}-\boldsymbol{Y}^{-}\|}=\frac{\sum_{j=1}^{p}(y_{ij}-y_j^{-})(y_j^{+}-y_j^{-})}{\sqrt{\sum_{j=1}^{p}(y_j^{+}-y_j^{-})^2}} \tag{3-85}$$

三个公式计算，所得结果如表3-20所示，除2005年和2006年的排序结果稍有差异外，其余的排序结果都是一致的。

表 3-20 计算结果

年度	D_i^+		$C_i=\frac{D_i^-}{D_i^+ + D_i^-}$		d_i	
	D_i^+ 值	排序	C_i 值	排序	d_i	排序
2000	0.078 26	5	0.621 1	5	0.646 3	5
2001	0.062 68	2	0.718 9	2	0.807 5	2
2002	0.117 80	6	0.423 2	6	0.409 4	6
2003	0.169 70	7	0.261 8	7	0.144 2	7
2004	0.008 40	1	0.956 6	1	0.975 1	1
2005	0.075 97	4	0.683 0	3	0.780 4	3
2006	0.074 79	3	0.677 2	4	0.769 1	4

第一，采用 $D_i^+=\sqrt{\sum_{j=1}^{p}(y_{ij}-y_j^+)^2}$ 时，在以 A^+ 为中心的同一球上的样本点无法区分优劣，采用 $d_i=\frac{(Y_i-Y^-)^{\mathrm{T}}(Y^+-Y^-)}{\|Y^+-Y^-\|}=\frac{\sum_{j=1}^{p}(y_{ij}-y_j^-)(y_j^+-y_j^-)}{\sqrt{\sum_{j=1}^{p}(y_j^+-y_j^-)^2}}$ 时，在以 A^+，A^- 垂直的同一平面上的样本点无法区分优劣，这两种形式有一个共同的特点：没有考虑样本点距离两参考点连线的远近，而正是这种远近反映了事物在各方面发展的均衡性。对 $C_i=\frac{D_i^-}{D_i^+ + D_i^-}$ 可以分解为 $C_i=D_i^-\ \frac{1}{D_i^+ + D_i^-}$，第二个因式 $\frac{1}{D_i^+ + D_i^-}$ 反映了事物发展的均衡性，如果事物在各方面发展不均衡，则样本点距离两参考点连线就远些，$\frac{1}{D_i^+ + D_i^-}$ 较小；反之，若事物发展比较均衡，则 $\frac{1}{D_i^+ + D_i^-}$ 较大，采用 $C_i=\frac{D_i^-}{D_i^+ + D_i^-}$，只有当样本点距最劣样本点远（一定程度上讲离最优样本点就近些）且发展较均衡时才能取得较大的评价值，从这个角度可以优先考虑采用 $C_i=\frac{D_i^-}{D_i^+ + D_i^-}$ 式。

第二，选择不同的距离也影响到评价结果。一般来说，在各评价指标之间相关性不大时，多采用欧式距离。如果各评价指标之间相关性较大时则宜选用马式距离，它在一定程度上可以消除指标间的相关性对综合评价结果的影响。人们习惯上多采用欧式距离，而在选择评价指标时要尽量避免强相关。

思考题

1. 综合评价有哪几种模型方法？
2. 常规多指标数学合成方法有哪几种？

3. 简述合成法应遵循的原则。

4. 简述距离综合评价法的原理。

5. 从胃癌患者、萎缩性胃癌患者和非胃癌患者中分别抽取 5 个患者进行 4 项生化指标的检验：血清铜蛋白 X_1、蓝色反应 X_2、乙酸 X_3 和中性硫化物 X_4，数据如表 3-21 所示。请用距离判别法建立判别函数，并根据此判别函数对原样本进行回判。

表 3-21　原始数据

类别	病人序号	X_1	X_2	X_3	X_4
胃癌患者	1	228	134	20	11
	2	245	134	10	40
	3	200	167	12	27
	4	170	150	7	8
	5	100	167	20	14
萎缩性胃癌患者	6	225	125	7	14
	7	130	100	6	12
	8	150	117	7	6
	9	120	133	10	26
	10	160	100	5	10
非胃癌患者	11	185	115	5	19
	12	170	125	6	4
	13	165	142	5	3
	14	135	108	2	12
	15	100	117	7	2

6. 检测某类产品的重量，抽了 6 个样品，每个样本只测了一个指标，分别为 1,2,3,6,9,11。请用最短距离法、重心法进行聚类分析。

7. 已知 $\boldsymbol{X}=(X_1,X_2,X_3)^{\mathrm{T}}$ 的协方差阵为 $\begin{pmatrix} 11 & \frac{\sqrt{3}}{2} & 1.5 \\ \frac{\sqrt{3}}{2} & \frac{21}{4} & \frac{5\sqrt{3}}{4} \\ 1.5 & \frac{5\sqrt{3}}{4} & \frac{31}{4} \end{pmatrix}$，请进行主成分分析。

8. 请应用因子分析法分析下列 30 个学生成绩的因子构成，并分析每个学生较适合学文科还是学理科。

表 3-22　原始数据

序号	数学	物理	化学	语文	历史	英语
1	65	61	72	84	81	79
2	77	77	76	64	70	55
3	67	63	49	65	67	57
4	80	69	75	74	74	63
5	74	70	80	84	81	74

续表

序号	数学	物理	化学	语文	历史	英语
6	78	84	75	62	71	64
7	66	71	67	52	65	57
8	77	71	57	72	86	71
9	83	100	79	41	67	50
10	86	94	97	51	63	55
11	74	80	88	64	73	66
12	67	84	53	58	66	56
13	81	62	69	56	66	52
14	71	64	94	52	61	52
15	78	96	81	80	89	76
16	69	56	67	75	94	80
17	77	90	80	68	66	60
18	84	67	75	60	70	63
19	62	67	83	71	85	77
20	74	65	75	72	90	73
21	91	74	97	62	71	66
22	72	87	72	79	83	76
23	82	70	83	68	77	85
24	63	70	60	91	85	82
25	74	79	95	59	74	59
26	66	61	77	62	73	64
27	90	82	98	47	71	60
28	77	90	85	68	73	76
29	91	82	84	54	62	60
30	78	84	100	51	60	60

【在线测试题】 扫描书背面的二维码，获取答题权限

扫描此码 在线自测

第4章

层次分析法

4.1 基本原理

层次分析法(the analytic hierachy process,AHP),是由美国学者 T. L. Saaty 教授提出的。此方法需要聘请有关熟悉这方面情况的专家,从上到下逐层采用 1—9 标度法,通过经验分析,确定出因素间两两比较相对重要性的比值,并写成矩阵形式,通过计算矩阵的标准化特征向量并进行一致性检验,即可得到比较令人信服的某一层因素相对于上一层因素的相对重要性权值,即层次单排序权值;在此基础上,再与上一层因素本身的权值进行加权综合,即可计算出该层因素相对于上一层整个层次的相对重要性权值,即层次总排序权值。这样,依次由上至下即可逐层计算出最低层因素即具体评价指标相对于最高层的目标的相对重要性权值。

层次分析法建立在专家经验判断的基础上,并将专家的经验判断由直接面对许多因素同时进行分析判断,转变为直接面对两个因素进行分析判断,运用数字的方法对各位专家经验判断的结果"兼收并蓄",进行科学的综合和定量计算,定性分析与定量判断相结合,因而使权重计算的科学性和准确性大为提高。层次分析法是目前比较常用的确定指标权重的科学方法。

假设子系统 $A_K(K=1,2,\cdots,n)$ 的总权重为 a_k,指标 B_i 相对于子系统 A_K 的单权重为 $b_i^{(k)}$。其中,与 A_k 关联的指标有 r 个,记为,$B_1^{(k)},B_2^{(k)},\cdots,B_r^{(k)}$;其单权重记为,$b_1^{(k)}$,$b_2^{(k)},\cdots,b_r^{(k)}$。

首先,应通过专家评议,确定出 B_i 指标相对于 B_j 指标的相对重要性的比值 b_{ij},其具体确定方法如下:

① 认为 b_i 与 b_j 同样重要,则取 $b_{ij}=1,b_{ji}=1$;

② 认为 b_i 与 b_j 稍微重要,则取 $b_{ij}=3,b_{ji}=1/3$;

③ 认为 b_i 与 b_j 明显重要,则取 $b_{ij}=5,b_{ji}=1/5$;

④ 认为 b_i 与 b_j 很重要,则取 $b_{ij}=7,b_{ji}=1/7$;

⑤ 认为 b_i 与 b_j 绝对重要,则取 $b_{ij}=9,b_{ji}=1/9$;

⑥ 认为 b_i 与 b_j 的重要程度介于两相邻奇数之间,则根据情况 b_{ij} 可取 2,4,6,8,b_{ji} 则

为 1/2,1/4,1/6,1/8。

其次,确定出 b_{ij} 和 b_{ji} 的值后,就能构成一个两两相比较的判断矩阵,如下:

A_K	B_1	B_1	…	B_r
B_1	b_{11}	b_{12}	…	b_{1r}
B_2	b_{21}	b_{22}	…	b_{2r}
…	…	…	…	…
B_r	b_{r1}	b_{r2}	…	b_{rr}

每个专家根据上述判断规则进行分析,都可以逐层写出比较判断矩阵。由于这个矩阵是依据每个专家的个体判断写出来的,我们称之为个体判断矩阵。由于不同的专家在分析认识上可能存有一定的偏见或差异,往往会出现一些偏激判断(即偏离正常结果或多数人意见的判断),从而给合理确定权重带来不利影响,因此,需要对个体判断矩阵中的偏激判断信息进行有效剔除,然后再综合成群体判断矩阵。剔除方法是:计算所有专家个体判断矩阵中每一信息元素的算术平均数和标准差,剔除掉超过算术平均数两个标准差以外的个体判断信息,然后再计算算术平均数,以此作为专家群体对这一元素的综合判断信息。对每一个信息元素依次进行上述判断,从而就可以综合成专家群体的综合判断矩阵。

作为一种有用的决策工具,层次分析法有如下的优点:

(1) 应用简单。决策时输入的数据信息来自于决策者的判断,决策者容易把握,另外层次分析法的步骤简单,决策过程清晰,无须特有的专业知识,就可掌握其基本原理和步骤,用 AHP 进行决策分析,所得的结果简单明确,非常清晰。

(2) 实用性强。层次分析法把定性和定量方法结合起来,能处理许多用传统的最优化技术无法解决的实际问题,应用范围很广。同时,这种方法将决策者和决策分析者相互沟通,这就增加了决策的有效性。

(3) 科学性强。用层次分析法进行决策时,先通过专家组评定,确定每一个评价并统计分析评价结果的相对重要性,然后建立评价指标之间的比较判断矩阵,最后由矩阵算出评价指标的权重,整个工作都基于专家评定,且更准确地进行定量分析,将评分中的主观性降到最低。

(4) 系统性强。层次分析法把研究对象作为一个系统,按照分解、比较矩阵、综合的思维方式进行决策,成为继机理分析、统计分析之后发展起来的系统分析的重要工具。

4.2 基本步骤

1. 利用方根法计算其最大特征值 $\lambda_{\max}$ 及相应的标准化特征向量 $\boldsymbol{W}^{(k)}$

有了综合判断矩阵后,就可以利用方根法计算其最大特征值 $\lambda_{\max}$ 及相应的标准化特征向量 $\boldsymbol{W}^{(k)}$。其中:

$$\boldsymbol{W}^{(k)}=(b_1^{(k)},b_2^{(k)},\cdots,b_r^{(k)})^{\mathrm{T}} \tag{4-1}$$

它要满足以下条件:

$$(A_K-B)\cdot\boldsymbol{W}^{(k)}=\lambda_{\max}\cdot\boldsymbol{W}^{(k)} \tag{4-2}$$

方根法的计算步骤如下：

(1) 计算判断矩阵中每一行元素的连乘积 M_i

$$M_i = \prod_{j=1}^{r} b_{ij}, \quad i, j = 1, 2, \cdots, r \tag{4-3}$$

(2) 计算 M_i 的 r 次方根 W'_i

$$W'_i = (M_i)^{1/r} \tag{4-4}$$

(3) 对向量 $\boldsymbol{W}' = [W'_1, W'_2, \cdots, W'_r]^{\mathrm{T}}$ 正规化，即：

$$W_i = \frac{W'_i}{\sum_{i=1}^{r} W'_i} \tag{4-5}$$

则 $\boldsymbol{W} = [W_1, W_2, \cdots, W_r]^{\mathrm{T}}$ 即为所求的特征向量。

(4) 计算矩阵的最大特征值 $\lambda_{\max}$。

$$\lambda_{\max} = \sum_{i=1}^{r} \frac{(\boldsymbol{AW})_i}{rW_i} \tag{4-6}$$

式中 $(\boldsymbol{AW})_i$ 表示向量 $(\boldsymbol{AW})$ 的第 i 个元素。

矩阵的特征向量也就是与子系统 A_k 关联的各个指标相对于 A_k 的相对重要性的单权重。

当指标 B_j 与子系统 A_k 无关联时，定义 $b_j^{(k)} = 0$，于是得到对应于单一子系统 A_k 下层各个指标的单权重为

$$b_1^{(k)}, b_2^{(k)}, \cdots, b_r^{(k)}, \cdots, b_n^{(k)} \quad (n \text{ 为指标个数})$$

2. 一致性检验

由于专家构造的比较矩阵可能会存有一定的误差，所以专家构造的 r 阶比较判断矩阵的最大特征值 $\lambda_{\max}^{(k)}$ 不一定等于 r，为了限制这种误差，取 $\lambda_{\max}^{(k)}$ 与 r 的相对误差作为比较矩阵的一致性指标，记为

$$\mathrm{CI}_k = \frac{\lambda_{\max}^{(k)} - 1}{r - 1} \quad (r \text{ 为判断矩阵的阶数}) \tag{4-7}$$

再考虑到专家对问题认识的不同而引起的误差，对上述一致性指标 CI_k 乘上系数 $1/\mathrm{RI}_k$。其中，RI_k 为对于不同阶的比较矩阵的随机一致性指标，T. L. Saaty 教授曾计算并列表如下，详见表 4-1。

表 4-1 不同阶的随机一致性指标

阶数	1	2	3	4	5	6	7	8	9	10	11	12	13	14
RI_k	0.00	0.00	0.58	0.90	1.12	1.24	1.32	1.41	1.45	1.49	1.52	1.54	1.56	1.58

当判断矩阵满足：

$$\mathrm{CR}_k = \frac{\mathrm{CI}_k}{\mathrm{RI}_k} < 0.1 \text{ 时}, \tag{4-8}$$

认为比较矩阵具有满意的一致性，计算出来的特征向量（也即单权重）是可以认可的，否则，

说明专家构造的比较矩阵误差较大，超过可以允许的范围，需要调整。

3. 计算总权重

由于 $\boldsymbol{A}$ 层的各个要素是直接对应于总目标 $\boldsymbol{G}$ 的，它的总权重也就是它的单权重，在数值上等于($\boldsymbol{G}-\boldsymbol{A}$)判断矩阵的特征向量。其他层次的各个指标都与其上一层次相对应，其总权重应该是其单权重与上一层次各要素总权重的积加和，即以其单权重与上一层次各要素的总权重进行加权综合。$\boldsymbol{B}$ 层各指标总权重的计算公式为

$$b_i=\sum_{k=1}^{n}a_k\cdot b_i^{(k)}\quad(i=1,2,\cdots,n)\tag{4-9}$$

其他层次各指标的计算公式与此类似。

对总权重的计算结果也要进行一致性检验，计算：

$$\mathrm{CI}=\sum_{k=1}^{n}a_k\cdot \mathrm{CI}_k\quad \mathrm{RI}=\sum_{K=1}^{n}a_k\cdot \mathrm{RI}_k\tag{4-10}$$

当满足：

$$\mathrm{CR}=\frac{\mathrm{CI}}{\mathrm{RI}}<0.1\text{ 时，}\tag{4-11}$$

认为达到了满意的一致性，计算的总权重是认可的，否则说明判断矩阵中的一些信息元素仍存在着较大的偏差，仍需要对判断矩阵进行调整。

4.3 实际应用案例

4.3.1 层次分析法在高校教师教学质量评估中的应用

1. 评估背景

教学质量评价是高校教学管理的一个重要指标，做好教师教学评价，是一项十分重要的优化教学管理、改进教学质量的措施。教学评价就是根据教学宗旨和教学原则，在一定理论的指导下，用一定可行的评价方法及技术对教学过程及预期的效果进行测定、衡量和价值上的判断，并运用这个结论促进了解教育教学的现状，对后续的教学改革、决策提供依据，从而实现对教学活动的调控。各高等学校应建立本科教学自我评估制度，根据学校确定的人才培养目标，围绕教学条件、教学过程、教学效果、教学态度进行评估，包括院系评估、学科专业评估、课程评估等多项内容。应特别注意学生对教师教学工作的评价，注重对学生学习效果和教学效率的评价。注重人才单位对人才培养质量的评价。要建立有效的校内教学质量监督和调控机制，建立健全学校本科教学质量保障体系，从而提高教学质量评价的可靠性、准确性、客观性和公正性。

近年来不少院校也都建立了教师教学质量评估办法，采取了一系列措施，如开展教学检查、院系之间听课、学生评教等，努力从全方位、多种渠道、多种形式来评价教师的教学质量，但由于大家对进行教师教学质量评估的目的认识不同，在评估的方法和手段上也存在诸多问题，这样就导致了评估没有发挥出应有的作用，甚至使大家对评估的客观性和公正性产生

了较大的怀疑。这样教师教学质量评估不但没有起到它应有的促进作用,反而产生了不少副作用。问题的关键在于教师教学质量评估指标不科学、评估指标的权重值分配不合理。我们知道,对评估指标的理解,不同的人有不同的想法,即使是同一考核指标在不同的院校也会有不同的权重值。由此看来,要建立一个民主、科学的教师教学质量评估体系,必须合理地确定评价指标,准确量化各评价指标的权重值,只有这样才能使决策层客观、统一地判断教师教学质量的优劣,在此我们利用层次分析法来实现这个目标。

2. 构造评价的层次结构模型

构造评价的层次结构模型如表 4-2 所示。

表 4-2 课堂教学质量评价指标体系

目标	一级指标	二级指标
O:教师评价(课堂教学质量)	A_1:师德师风	B_{11}:按时上课、准备充分
		B_{12}:风趣幽默、讲解耐心
		B_{13}:作业任务批改仔细反馈及时
		B_{14}:严格管理课堂秩序
		B_{15}:关心学生成长,善于沟通交流
	A_2:教学内容	B_{21}:课程学习目标要求明确
		B_{22}:上课内容丰富、难易适度
		B_{23}:教学进度安排合理
		B_{24}:课外学习资源丰富有助自主学习
		B_{25}:课后作业合适、有助于巩固
	A_3:教学方法	B_{31}:讲解内容清楚明确
		B_{32}:师生互动
		B_{33}:多媒体资源运动得当,教学熟练
		B_{34}:课堂时间利用充分
		B_{35}:注重能力训练与实践
	A_4:教学效果	B_{41}:学习兴趣浓厚,充满动力
		B_{42}:掌握本课程主要知识点
		B_{43}:提高实践能力

目前,各院校单位对于教师教学评价工作是非常看重的,如组织院、系督导对教师听课、教师同行听课、学生对教师评教等。近年来,各院校的教学评价更趋于规范,在原有的学生评教、督导评教、同行评教综合评分的基础上,制定了一系列的教师教学质量考核办法。对教师的评价是通过课堂教学质量来衡量的,这个指标的主要观测点就是学生评教、督导评教、同行评教。

根据现行的教学质量考核指导办法,"课堂教学质量"由学生评教、督导评教、同行评教组成,其中最重要的是学生评教。现以"学生评教"为例,说明层次分析法在教学质量评估中的应用,构造"学生评教"评价指标体系。

3. 确定评价的指标权重

(1) 构造判断矩阵。判断矩阵是计算权重的基础,对最终的总排序有着决定性的影响。

因此，判断矩阵的构造是AHP方法中尤为重要的一步，要准确地构造出各级判断矩阵，就要进行客观详细的调查、研究和分析。

专家组通过向学校相关部门、教学督导、任课教师和学生发放问卷调查的形式征集相关意见，通过对指标体系同层次各项指标，按其在上一层次指标中的重要性，进行两两间的比较，建立两两比较判断矩阵，具体如下：

一级指标判断矩阵：

$$\boldsymbol{O}=\begin{pmatrix} 1 & 2 & 3 & 5 \\ 1/2 & 1 & 2 & 3 \\ 1/3 & 1/2 & 1 & 2 \\ 1/5 & 1/3 & 1/2 & 1 \end{pmatrix}$$

二级指标判断矩阵：

$$\boldsymbol{A}_1=\begin{pmatrix} 1 & 1 & 1/7 & 1/2 & 1/3 \\ 1 & 1 & 1/5 & 1/2 & 1/3 \\ 7 & 5 & 1 & 3 & 4 \\ 2 & 2 & 1/3 & 1 & 1/2 \\ 3 & 3 & 1/4 & 2 & 1 \end{pmatrix} \quad \boldsymbol{A}_2=\begin{pmatrix} 1 & 1 & 2 & 5 & 3 \\ 1 & 1 & 2 & 5 & 3 \\ 1/2 & 1/2 & 1 & 3 & 2 \\ 1/5 & 1/5 & 1/3 & 1 & 1/2 \\ 1/3 & 1/3 & 1/2 & 2 & 1 \end{pmatrix}$$

$$\boldsymbol{A}_3=\begin{pmatrix} 1 & 3 & 7 & 5 & 2 \\ 1/3 & 1 & 4 & 3 & 1/2 \\ 1/7 & 1/4 & 1 & 1/3 & 1/6 \\ 1/5 & 1/3 & 3 & 1 & 1/4 \\ 1/2 & 2 & 6 & 4 & 1 \end{pmatrix} \quad \boldsymbol{A}_4=\begin{pmatrix} 1 & 1/2 & 2 \\ 2 & 1 & 3 \\ 1/2 & 1/3 & 1 \end{pmatrix}$$

(2) 单层单排序并进行一致性检验。这里以矩阵$\boldsymbol{O}$为例，通过MATLAB软件建模、计算，最终通过一致性检验：

$$\boldsymbol{W}=[0.4829 \quad 0.2720 \quad 0.1570 \quad 0.0882]^{\mathrm{T}}, \quad \lambda_{\max}=4.0145, \quad \mathrm{CI}=0.0048$$

$$\mathrm{CR}=\frac{\mathrm{CI}}{\mathrm{RI}}=\frac{0.0048}{0.90}=0.0054$$

$\mathrm{CR}=0.0054<0.10$，符合一致性检验。同样的过程依次对其他的矩阵进行一致性检验，结果如下：

① $\mathrm{CR}(\boldsymbol{A}_1)=0.0241/1.12=0.0215<0.10$，通过一致性检验；

② $\mathrm{CR}(\boldsymbol{A}_2)=0.0038/1.12=0.0034<0.10$，通过一致性检验；

③ $\mathrm{CR}(\boldsymbol{A}_3)=0.0457/1.12=0.0408<0.10$，通过一致性检验；

④ $\mathrm{CR}(\boldsymbol{A}_4)=0.0046/0.58=0.0079<0.10$，通过一致性检验。

(3) 层次总排序及一致性检验。通过计算得到所构造的层次分析模型中各层指标对目标层的合成权重如表4-3所示。

表4-3　二级指标权重(O)

O	B_{11}	B_{12}	B_{13}	B_{14}	B_{15}	B_{21}	B_{22}	B_{23}	B_{24}
权重	0.0365	0.0335	0.2478	0.0664	0.0991	0.0888	0.0888	0.0489	0.0165

续表

O	B_{25}	B_{31}	B_{32}	B_{33}	B_{34}	B_{35}	B_{41}	B_{42}	B_{43}
权重	0.028 9	0.066 2	0.025 6	0.006 6	0.011 3	0.047 2	0.026 1	0.047 5	0.014 3

(4) 计算结果。根据上述结果，在对教师教学质量进行评价时，可以参照权值分配的情况，对教师教学过程的每一个细节用权值计算出实际得分，然后将各项得分汇总后即可得到教师教学总体评价分数。

例如，某学院某学期对20位教师进行教学质量评估，采用调查问卷学生打分形式(每一指标采用百分制)，利用各指标权重计算20位老师得分如表4-4所示。

表4-4 20位老师得分

老师	c_1	c_2	c_3	c_4	c_5	c_6	c_7	c_8	c_9	c_{10}
分数	92.388	87.143	92.664	92.280	93.141	93.521	95.487	88.849	89.496	90.417
老师	c_{11}	c_{12}	c_{13}	c_{14}	c_{15}	c_{16}	c_{17}	c_{18}	c_{19}	c_{20}
分数	89.700	94.049	91.392	94.613	94.331	93.256	86.986	89.426	95.219	95.749

通过比较得到教师教学总体评价结果如表4-5所示。

表4-5 20位老师排名

排名	c_{20}	c_7	c_{19}	c_{14}	c_{15}	c_{12}	c_6	c_{16}	c_5	c_3
分数	95.749	95.487	95.219	94.613	94.331	94.049	93.521	93.256	93.141	92.664
排名	c_1	c_4	c_{13}	c_{10}	c_{11}	c_9	c_{18}	c_8	c_2	c_{17}
分数	92.388	92.280	91.392	90.417	89.700	89.496	89.426	88.849	87.143	86.986

(5) 进一步思考。由德尔菲法，有些指标给出了较高的权重，按照第一种方法求得权重，结合学生评分的原始数据，给出最终的排名。可考虑到具体单位教师教学的实际情况，有时候并不需要那么多指标，另外对于某些权重很大的指标，有的指标没有很好的执行或学生给予该指标的评分很低，从而在第一种排名方式下没有更好的体现，可以再次采用标准的AHP模型，将被评价的教师作为方案层中的被评价个体，选择第一种评价方法中学生看重且得到较高权重的指标作为准则层，选择学生对某些指标打分变化较大的教师作为方案层的评价个体，进行再评价，分析评价结果后给教育单位管理部门提出综合建议。这里以前三位老师(C_1,C_2,C_3)为例，中间位为准则层，即前面所说的指标。例如，有按时上课、准备充分(P_1)，上课内容丰富、难易适度(P_2)，讲课内容清楚明确(P_3)，师生互动(P_4)，掌握本课程主要知识点(P_5)5个准则，这里其他指标视为细节指标，不予考虑。各层间的联系用相连的直线表示，如图4-1所示。

结合实际教学单位由学生打分，建立两两比较判断矩阵，见下列矩阵：

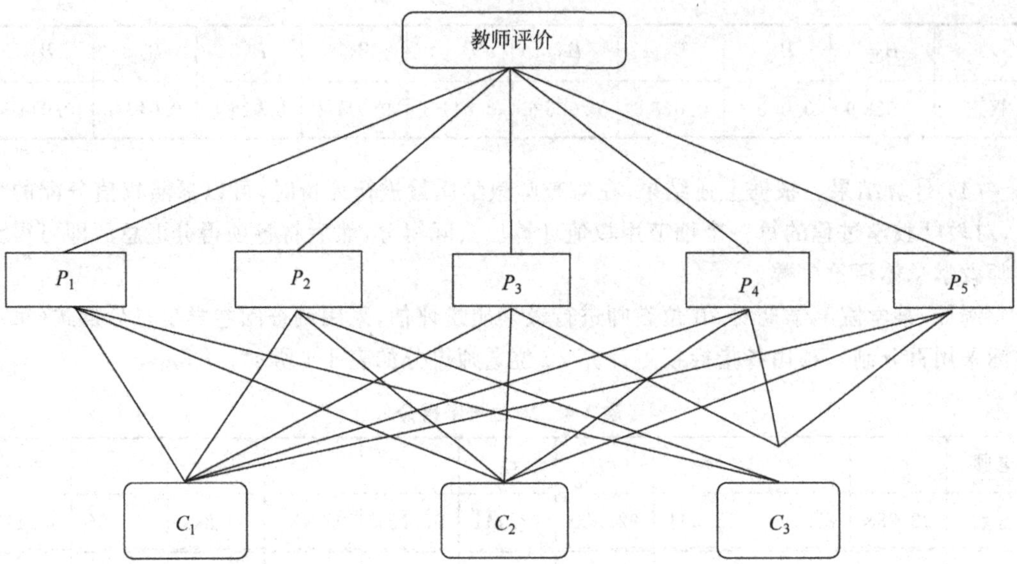

图 4-1　评价层次

$$\boldsymbol{A}=\begin{pmatrix}1 & 1/2 & 4 & 3 & 3\\ 2 & 1 & 7 & 5 & 5\\ 1/4 & 1/7 & 1 & 1/2 & 1/3\\ 1/3 & 1/5 & 2 & 1 & 1\\ 1/3 & 1/5 & 3 & 1 & 1\end{pmatrix}$$

① 第三层对第二层的每一个准则的成对比较矩阵，不妨设为：

$$\boldsymbol{B}_1=\begin{pmatrix}1 & 8 & 1\\ 1/8 & 1 & 1/8\\ 1 & 8 & 1\end{pmatrix}\quad \boldsymbol{B}_2=\begin{pmatrix}1 & 3 & 1\\ 1/3 & 1 & 1/2\\ 1 & 2 & 1\end{pmatrix}\quad \boldsymbol{B}_3=\begin{pmatrix}1 & 3 & 1/4\\ 1/3 & 1 & 1/6\\ 4 & 6 & 1\end{pmatrix}$$

$$\boldsymbol{B}_4=\begin{pmatrix}1 & 3 & 7\\ 1/3 & 1 & 5\\ 1/7 & 1/5 & 1\end{pmatrix}\quad \boldsymbol{B}_5=\begin{pmatrix}1 & 6 & 8\\ 1/6 & 1 & 3\\ 1/8 & 1/3 & 1\end{pmatrix}$$

② 以 $\boldsymbol{A}$ 为例，通过 MATLAB 程序计算，最终通过一致性检验：

$$\boldsymbol{W}=(0.263\quad 0.475\quad 0.055\quad 0.099\quad 0.110)^{\mathrm{T}},\quad \lambda_{\max}=5.073,\quad \mathrm{CI}=0.018$$

$$\mathrm{CR}=\frac{\mathrm{CI}}{\mathrm{RI}}=\frac{0.018}{1.12}=0.016$$

$\mathrm{CR}=0.016<0.10$，符合一致性检验，同样的方法依次对所有的矩阵进行一致性检验，结果如下：

$\mathrm{CR}(\boldsymbol{B}_1)=0/0.58=0<0.10$，通过一致性检验；

$\mathrm{CR}(\boldsymbol{B}_2)=0.009/0.58=0.016<0.10$，通过一致性检验；

$\mathrm{CR}(\boldsymbol{B}_3)=0.027/0.58=0.047<0.10$，通过一致性检验；

$\mathrm{CR}(\boldsymbol{B}_4)=0.032/0.58=0.055<0.10$，通过一致性检验；

$CR(\boldsymbol{B}_5)=0.037/0.58=0.064<0.10$，通过一致性检验。

③ 通过计算得到所构造的层次结构图决策层对目标层的组合权重：

$$\boldsymbol{w}=(0.4931,0.1464,0.3605)^{T}$$

评估结果显示教师 C_1 优于教师 C_3，更优于 C_2。结合前面的结果，可看出教师 C_1 和 C_3 排名出现了调换。这里对上述问题进行如下综合分析：

(1) 将 20 位教师各指标分数，同一指标分数标准化，目的是统一量纲，利用得到的各评价权重，计算得到 20 位教师的得分如表 4-6 所示。

表 4-6 20 位老师标准化得分

老师	c_1	c_2	c_3	c_4	c_5	c_6	c_7	c_8	c_9	c_{10}
权重	0.654 5	0.345 8	0.658 9	0.649 3	0.712 4	0.726 0	0.832 4	0.470 2	0.480 9	0.539 2
老师	c_{11}	c_{12}	c_{13}	c_{14}	c_{15}	c_{16}	c_{17}	c_{18}	c_{19}	c_{20}
权重	0.514 8	0.745 4	0.606 0	0.787 4	0.778 4	0.711 7	0.359 6	0.496 7	0.828 1	0.862 6

(2) 利用同样的方法计算 20 位老师的权重如表 4-7 所示。

表 4-7 20 位老师权重得分

老师	c_1	c_2	c_3	c_4	c_5	c_6	c_7	c_8	c_9	c_{10}
权重	0.055 5	0.041 1	0.048 0	0.050 1	0.040 8	0.051 0	0.050 9	0.056 7	0.042 1	0.047 3
老师	c_{11}	c_{12}	c_{13}	c_{14}	c_{15}	c_{16}	c_{17}	c_{18}	c_{19}	c_{20}
权重	0.052 2	0.050 7	0.049 8	0.052 8	0.060 9	0.048 6	0.045 4	0.037 8	0.057 9	0.060 4

(3) 为了便于比较，将(1)中的权向量分别除以权和标准化使权重介于 0 到 1 之间，权重如表 4-8 所示。

表 4-8 20 位老师最新权重得分

老师	c_1	c_2	c_3	c_4	c_5	c_6	c_7	c_8	c_9	c_{10}
权重	0.051 3	0.027 1	0.051 6	0.050 9	0.055 8	0.056 9	0.065 2	0.036 8	0.037 7	0.042 3
老师	c_{11}	c_{12}	c_{13}	c_{14}	c_{15}	c_{16}	c_{17}	c_{18}	c_{19}	c_{20}
权重	0.040 3	0.058 4	0.047 5	0.061 7	0.061 0	0.055 8	0.028 2	0.038 9	0.064 9	0.067 6

结合上述两种算法，总分析如表 4-9、表 4-10 所示。

表 4-9 综合分析表

老师序号	综合得分	标准化综合得分	综合排名	重要指标得分	重要指标排名
20	0.862 6	0.067 6	1	0.060 4	2
15	0.778 4	0.061 0	5	0.060 9	1
19	0.828 1	0.064 9	3	0.057 9	3
7	0.832 4	0.065 2	2	0.050 9	9
14	0.787 4	0.061 7	4	0.052 8	6
1	0.654 5	0.051 3	11	0.055 5	5
12	0.745 4	0.058 4	6	0.050 7	10

续表

老师序号	综合得分	标准化综合得分	综合排名	重要指标得分	重要指标排名
6	0.726 0	0.056 9	7	0.051 0	8
16	0.711 7	0.055 8	9	0.048 6	13
4	0.649 3	0.050 9	12	0.050 1	11
3	0.658 9	0.051 6	10	0.048 0	14
13	0.606 0	0.047 5	13	0.049 8	12
8	0.470 2	0.036 8	18	0.056 7	4
11	0.514 8	0.040 3	15	0.052 2	7
5	0.712 4	0.055 8	8	0.040 8	19
10	0.539 2	0.042 3	14	0.047 3	15
9	0.480 9	0.037 7	17	0.042 1	17
17	0.359 6	0.028 2	19	0.045 4	16
18	0.496 7	0.038 9	16	0.037 8	20
2	0.345 8	0.027 1	20	0.041 1	18

表 4-10 可行性建议分析表

老师序号	六四比重综合得分	综合排名	四六比重综合得分	综合排名
20	0.064 7	1	0.063 3	1
15	0.061 0	3	0.060 9	2
19	0.062 1	2	0.060 7	3
7	0.059 5	4	0.056 6	4
14	0.058 1	5	0.056 4	5
1	0.053 0	8	0.053 8	6
12	0.055 3	6	0.053 8	7
6	0.054 5	7	0.053 4	8
16	0.052 9	9	0.051 5	9
4	0.050 6	10	0.050 4	10
3	0.050 2	11	0.049 5	11
13	0.048 4	13	0.048 9	12
8	0.044 8	15	0.048 8	13
11	0.045 1	14	0.047 5	14
5	0.049 8	12	0.046 8	15
10	0.044 3	16	0.045 3	16
9	0.039 5	17	0.040 3	17
17	0.035 1	19	0.038 5	18
8	0.038 5	18	0.038 3	19
2	0.032 7	20	0.035 5	20

从表 4-10 可以看出大部分老师的排名有变动，总体来说出现了下列两种情况：

(1) 前后两种算法老师排名差小于等于 3 时，我们认为这些老师不管是在教学细节方面还是在重要指标方面做得都比较平均；

(2) 前后两种算法老师排名差大于 3 时，这时会出现以下两种现象：

(a) 使用第一种算法时老师的排名高，而使用第二种算法时老师的排名低，这就说明这些老师相对于细节指标，重要指标做得不够好。建议这样的老师应该多重视相应问题。例如，老师 c_7 在第一种算法中排名第二，而在第二种算法中排名第九(见表 4-9)，说明该老师在学生看重的指标中做得不够好。

(b) 使用第一种算法时老师的排名低，而使用第二种算法时老师的排名高。这就说明这一类老师相对于细节指标，重要指标做得比较好，建议这类老师在平时教学中多注重一些细节工作。例如，老师 c_1 在第一种算法中排名第十一，而在第二种算法中排名第五(见表 4-9)，说明该老师在教学工作中细节做得不够好。

(3) 相关建议。教育管理者应综合考虑两种算法，根据管理者可能考虑的偏重不同，使两种算法的排名在合理的范围内趋近于综合，这里给出以下建议：

① 若管理者更偏向于综合考虑，较为合理的建议是按第一种算法得分取 60%，第二种算法得分取 40%。例如，老师 c_7 平时工作中虽然一些重要指标做得不够好，可是细节指标做得较好，这样综合后，他的综合排名排在了第四位。

② 若管理者更偏重于学生认可的角度，可注重对一些重要指标的考察，较为合理的建议是按第一种算法得分取 40%，第二种算法得分取 60%。例如，老师 c_1 虽然一些细节性指标做得不好，但重要指标做得较好，这就使得其综合排名排在了第六位。

③ 评价指标的选取具有一定主观性，各部门单位需根据自身实际需要选取相应评价指标进行综合评价。

4.3.2　层次分析法在人口死亡率影响因素上的应用

1. 研究背景

死亡率是人口变动的重要指标之一，它能直接反映居民健康状况和社会卫生水平。新中国成立前社会经济落后，医疗卫生条件差，各类疾病广泛流行，人口死亡率高达 25‰～33‰。新中国成立以后，人民生活水平提高，医疗卫生条件改善，一些曾严重威胁人民健康的疾病得到控制。从新中国成立到第一个五年计划时期(1953—1957 年)，死亡率由 2%迅速下降至 10.8‰。20 世纪 80 年代中期至 21 世纪初在平稳变化中呈现下降趋势，但是从 2004 年开始，受老龄化进程加快等因素的影响，中国人口死亡率有明显升高的趋势，从 2004 年的 6.42‰上升到了 2007 年的 6.93‰，上升幅度比较显著。这必将对中国的社会、经济等产生深远的影响，同时也影响着决策者对下一阶段人口政策的制定。

中国幅员辽阔、民族众多，地区间经济和社会发展水平不平衡。人口死亡率受到社会、经济、文化、教育、卫生和人口等多种因素的影响和制约，各种因素关系错综复杂，这就使得对人口死亡率的影响因素分析成了一个棘手的问题。对人口死亡率的影响因素分析一般有以下两种方法。

一是定性分析法，是指依靠人们观察分析能力、经验判断能力和逻辑推理能力所进行的分析，它是研究者根据所了解的情况和实践积累的经验，对客观情况所作的主观判断，也可叫作调查研究分析法。定性分析法主要特点是利用直观的材料，依靠个人的经验进行综合分析，对事物状况进行研究。定性分析法主要包括专家会议法、专家调查法和主观概率分析法等。定性分析法易受主观因素的影响，比较注重个人的经验和主观判断能力，从而易受人的知识、经验和能力大小的束缚和限制，尤其是缺乏对事物发展在数量上的精确描述。

二是定量分析法，是指使用历史数据或因素变量来分析需求的数学模型，根据已掌握的、比较完备的历史统计数据，运用一定的数学方法进行科学的加工整理，借以揭示有关变量之间的规律性联系，用于预测、推断和综合评判事物发展状况的一类方法。定量分析方法受主观因素的影响较少，可以利用现代化的计算方法，进行计算和数据处理，求出最佳数据曲线或模型。因此，在实践中人们更多地使用定量预测法。定量预测基本上分为两类，一类是因果关系模式，另一类是时间序列模式。因果关系模式主要为回归方法，是根据某一指标的影响因素来预测分析该指标的变化趋势。影响人口死亡率的因素错综复杂，要明确探究影响人口死亡率变化的因素是非常困难的。时间序列模式是以指标本身的历史数据的变化趋势为依据，寻找其演变规律。该模式不需要其他的影响因素，因此应用广泛。

2. 基于层次分析法的死亡率影响因素研究

(1) 指标选取。人口死亡率的影响因素从来都不是某一个或者某几个，而是极其繁多复杂的。根据参考文献和历史资料数据，人口死亡率的主要影响因素有社会因素、经济因素、人口因素和环境因素。这四个因素又可进一步分为以下几类：教育经费、医院卫生机构数、国民总收入、人均可支配收入、居民消费价格指数、总财政收入、年末总人口数、农村人口比例、二氧化硫排放量、废水排放量、自然灾害受灾人口，如表 4-11 所示。

表 4-11 相关因素指标

一级指标	二级指标
社会因素	教育经费 医院卫生机构数
经济因素	国民总收入 人均可支配收入 居民消费价格指数 总财政收入
人口因素	年末总人口数 农村人口比例
环境因素	二氧化硫排放量 废水排放量 自然灾害受灾人口

(2) 研究方法与结果分析如下：

① 构造层次分析结构。应用层次分析法分析人口死亡率影响因素时，先要构造一个科学的层次结构，这对问题的解决极为重要，它也决定了分析结果的有效程度。由表 4-11 中的因素指标，建立如图 4-2 所示的层次分析结构。

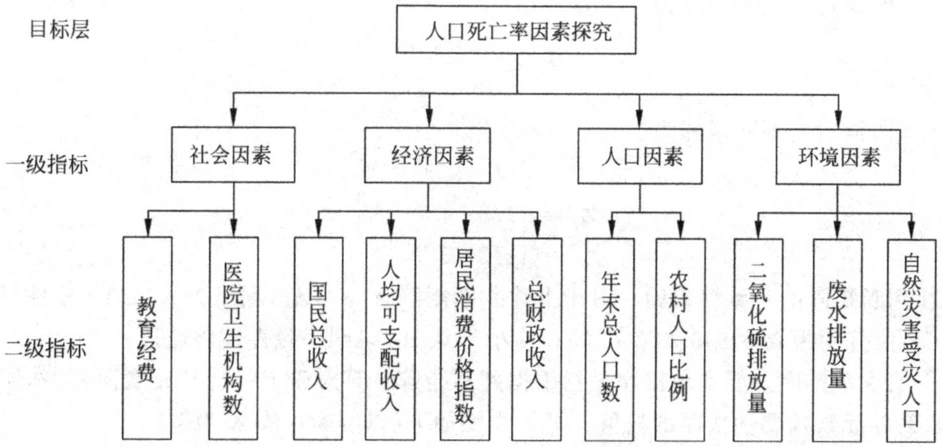

图 4-2 人口死亡率因素层次分析结构

② 构造判断矩阵。将社会因素、经济因素、人口因素和环境因素这四个一级指标分别记为 A_1,A_2,A_3,A_4，综合专家评价结果进行赋值，可得到一级指标的相互比较值，如表 4-12 所示。

表 4-12 一级指标相互比较值表

	A_1	A_2	A_3	A_4
A_1	1	3	2	1/3
A_2	1/3	1	1/2	1/5
A_3	1/2	2	1	1/4
A_4	3	5	4	1

由表 4-12 可得到目标层对于一级指标层的判断矩阵如下：

$$\boldsymbol{A}=\begin{bmatrix}1 & 3 & 2 & 1/3\\ 1/3 & 1 & 1/2 & 1/5\\ 1/2 & 2 & 1 & 1/4\\ 3 & 5 & 4 & 1\end{bmatrix}$$

同理，将各二级指标教育经费、医院卫生机构数、国民总收入、人均可支配收入、居民消费价格指数、总财政收入、年末总人口数、农村人口比例、二氧化硫排放量、废水排放量、自然灾害受灾人口分别记为 $B_1,B_2,\cdots,B_{11}$。然后综合专家打分，可得到二级指标层的判断矩阵分别为：

社会因素对应判断矩阵为

$$\boldsymbol{Z}_1=\begin{bmatrix}1 & 1/2\\ 2 & 1\end{bmatrix}$$

经济因素对应判断矩阵为

$$\boldsymbol{Z}_2=\begin{bmatrix}1 & 1/4 & 1/5 & 2\\ 4 & 1 & 1/2 & 5\\ 5 & 2 & 1 & 6\\ 1/2 & 1/5 & 1/6 & 1\end{bmatrix}$$

人口因素对应判断矩阵为

$$Z_3=\begin{bmatrix}1 & 1/3\\3 & 1\end{bmatrix}$$

环境因素对应判断矩阵为

$$Z_4=\begin{bmatrix}1 & 3 & 5\\1/3 & 1 & 3\\1/5 & 1/3 & 1\end{bmatrix}$$

③ 判断矩阵的一致性检验。对于上述判断矩阵 $\boldsymbol{A}$,$\boldsymbol{Z}_2$,$\boldsymbol{Z}_4$,利用 MATLAB 软件可以求得其 CR 值分别为 0.019,0.022,0.033,均小于 0.10,说明一致性检验通过。

④ 层次单排序。层次单排序是指根据判断矩阵计算对于上一层某元素而言,本层次与之有联系的元素重要性次序的权值。具体步骤如下(以判断矩阵 $\boldsymbol{A}$ 为例):

第一,对判断矩阵 $\boldsymbol{A}$ 每一列进行归一化处理:

$$\bar{A}_{ij}=\frac{A_{ij}}{\sum_{i=1}^{n}A_{ij}} \tag{4-12}$$

可得到矩阵 $\bar{\boldsymbol{A}}$ 为

$$\bar{\boldsymbol{A}}=\begin{bmatrix}0.2069 & 0.2727 & 0.2667 & 0.1869\\0.0690 & 0.0909 & 0.0667 & 0.1121\\0.1034 & 0.1818 & 0.1333 & 0.1402\\0.6207 & 0.4545 & 0.5333 & 0.5607\end{bmatrix}$$

第二,计算矩阵 $\bar{A}$ 的每一行的和后归一化得到权重矩阵 $\boldsymbol{W}$:

$$\boldsymbol{W}=\begin{bmatrix}0.2333\\0.0848\\0.1397\\0.5426\end{bmatrix}$$

矩阵 $\boldsymbol{W}$ 中的每一个元素即为对应的每一个一级指标的权重。可以得出,社会因素、经济因素、人口因素和环境因素对应的权重分别为:0.233 3,0.084 8,0.139 7,0.542 6。

同理,可以计算二级指标矩阵 $\boldsymbol{Z}_1$,$\boldsymbol{Z}_2$,$\boldsymbol{Z}_3$,$\boldsymbol{Z}_4$ 所对应的权重矩阵 $\boldsymbol{W}_1$,$\boldsymbol{W}_2$,$\boldsymbol{W}_3$,$\boldsymbol{W}_4$:

$$\boldsymbol{W}_1=\begin{bmatrix}0.3333\\0.6667\end{bmatrix},\quad \boldsymbol{W}_2=\begin{bmatrix}0.1044\\0.3240\\0.5050\\0.0666\end{bmatrix},\quad \boldsymbol{W}_3=\begin{bmatrix}0.25\\0.75\end{bmatrix},\quad \boldsymbol{W}_4=\begin{bmatrix}0.6334\\0.2605\\0.1061\end{bmatrix}$$

可以得出,社会因素中,教育经费、医院卫生机构数所占权重分别为 0.333 3,0.666 7;经济因素中,国民总收入、人均可支配收入、居民消费价格指数、总财政收入所占权重分别为 0.104 4,0.324 0,0.505 0,0.066 6;人口因素中,年末总人口数、农村人口比例所占权重分别为 0.25,0.75;环境因素中,二氧化硫排放量、废水排放量、自然灾害受灾人口所占权重分别为 0.633 4,0.260 5,0.106 1。

⑤ 层次总排序。依次按照所建立的层次分析结构由上至下逐层计算,即可得到二级指标因素相对于人口死亡率的相对重要性,即为层次总排序。最终结果如表 4-13 所示。

表 4-13　人口死亡率影响因素总排序

	社会因素 A_1 0.233 3	经济因素 A_2 0.084 8	人口因素 A_3 0.139 7	环境因素 A_4 0.542 6	总排序：$\mu = \sum_{i=1}^{4} A_i B_{ji}$ $(j = 1,2,\cdots,11)$
教育经费 B_1	0.333 3	0	0	0	0.077 8
医院卫生机构数 B_2	0.666 7	0	0	0	0.155 5
国民总收入 B_3	0	0.104 4	0	0	0.008 9
人均可支配收入 B_4	0	0.324 0	0	0	0.027 5
居民消费价格指数 B_5	0	0.505 0	0	0	0.042 8
总财政收入 B_6	0	0.066 6	0	0	0.005 6
年末总人口数 B_7	0	0	0.250 0	0	0.034 9
农村人口比例 B_8	0	0	0.750 0	0	0.104 8
二氧化硫排放量 B_9	0	0	0	0.633 4	0.343 7
废水排放量 B_{10}	0	0	0	0.260 5	0.141 3
自然灾害受灾人口 B_{11}	0	0	0	0.106 1	0.057 6

由表 4-13 可知，各二级指标在人口死亡率影响因素中的权重分别为 0.077 8，0.155 5，0.008 9，0.027 5，0.042 8，0.005 6，0.034 9，0.104 8，0.343 7，0.141 3，0.057 6。可以看出，二氧化硫排放量、医院卫生机构数、废水排放量和农村人口比例这四个所占权重相对较大，尤其是二氧化硫排放量权重遥遥领先，达到了 0.343 7，这说明控制污染物的排放迫在眉睫，环境污染带来的是人们患病率增加、生存环境变差，最终增加了人口的死亡率。同时，医院卫生机构数的权重说明我国医疗保障还需继续加强，不仅要在消灭更多疾病上加大力度，还要增加对已知疾病治疗方法的掌握程度，争取做到百分百治疗成功。可以看到，农村人口比例对人口死亡率的影响也不可忽视，农村的医疗保障、生存环境向来差于城市，有关部门要加强农村建设、改善生存环境的力度。

3. 总结

人口死亡率影响因素的层次分析可以将相互关联又独立的若干评价指标综合起来，有利于对其更加细致地量化了解，并可依此对进一步的发展进行调整。人口死亡率的影响因素研究充分考虑到整体性、合理性、目的性、客观性、科学性等原则，结构较为合理，适用性较强，但由于人口死亡率的影响因素研究处于探索发展阶段，相关模型的建立仍然需要在实践应用中得到修订和完善，当社会政策、环境等诸多内容发生变化时，其影响因素也需要不断调整。

人口死亡率影响因素的二级指标之间往往存在相互联系、相互影响的情况，在实际应用过程中，有时候并不能把指标之间划分得十分清楚，应加以调整，此类问题也需要进一步的研究，以完善人口死亡率影响因素体系。

4.3.3 层次分析法在山西省绿色金融发展综合评价中的应用

1. 研究背景

绿色金融是指为支持环境改善、应对气候变化和资源节约高效利用的经济活动，即对环保、节能、清洁能源、绿色交通、绿色建筑等领域的项目投融资、项目运营、风险管理等所提供的金融服务。未来要通过这种创新性的金融制度安排，引导和吸引更多的社会资本进入绿色产业，通过绿色信贷、绿色债券、绿色股票指数及相关产品、绿色发展基金、绿色保险和碳金融等金融工具，为绿色金融发展提供可持续推动力。截至 2016 年年底，我国仅用一年时间就成为世界上最大的绿色债券市场。在"十三五"期间，我国潜在的绿色债券市场规模将达 5.4 万亿元，而在可持续能源、环境基础设施建设、环境修复、工业污染治理、能源与能源节约五大领域，绿色融资需求为 14.6 万亿元。

目前，绿色金融体系的重要组成部分绿色信贷、绿色债券市场、绿色基金、绿色保险在全国部分地区都已经开花结果，但由于缺乏统一的监管和法律评判标准、评估的口径等，各地绿色金融发展也存在诸多乱象，对配套政策的需求加大。

山西省作为矿产资源丰富的大省，煤炭以及相关的化工冶炼产业一直是山西的支柱性产业，促进了山西省的经济增长。不断开发矿产资源，虽为山西经济注入了活力，但也给山西的绿色发展造成了困扰。随着绿色金融在我国经济发展中发挥越来越重要的作用，山西省政府加快了绿色金融发展的步伐。2016 年山西省金融工作办公室、中国人民银行太原中心支行等单位联合发布了《关于推动山西绿色金融发展的指导意见》，提出在山西加快发展绿色金融，大力发展绿色信贷、绿色保险以及绿色债券等绿色金融产品，进一步健全绿色金融发展体系。2017 年山西环境能源中心成立了绿色金融专项工作小组，针对山西省内的污染处理企业、清洁能源发电厂等绿色企业的融资问题进行深入研究，通过和省内外的金融机构进行沟通交流，共同提升山西省绿色金融发展实力。现使用层次分析法对山西省绿色金融发展进行定量研究，通过统计数据定位优势、发现短板。

2. 山西省绿色金融发展水平指标体系的构建

发展度的测度本质上是一项综合评价，即通过构建指标体系、赋予不同指标不同的权重，对反映某一事物多个方面的信息加以汇集，确定评价对象的优劣水平与次序。综合评价是"透过现象看本质"的重要手段。由于绿色金融发展度测度的影响因素包括绿色信贷、绿色债券、绿色股票、绿色保险、经济绿动力，以及目前难以量化的绿色基金、绿色金融改革试验区等。因此，对绿色金融发展度进行测算，适合采用层次分析法将定性与定量分析相结合，完成发展度测度。

由于绿色金融相关数据可得性较差，成熟的经验也很少可以借鉴，且同时包含定性指标和定量指标，现采取层次分析法结合定性测度的方法测算指标权重。根据对绿色金融发展度及其影响因素的分析，得出各个影响因素的评价包括哪些方面，并且选取可量化指标构建一级指标体系如表 4-14 所示。

表 4-14　绿色金融发展度评价指标体系及评价准则

评价内容	指标名称	评价准则
绿色金融发展度	绿色信贷	1. 绿色信贷规模； 2. 绿色信贷同比增速； 3. 绿色信贷占当地贷款规模比重
	绿色债券	绿色债券(包括金融债券和企业债券)发行规模
	绿色股票	绿色上市企业家数及其市值
	绿色保险	绿色保险本年投保额；绿色保险赔付率；绿色保险覆盖率
	经济绿动力	绿色融资拉动 GDP 的能力；环保设施建立规模

确定了各项指标及其评价准则后，也就构造出如图 4-3 所示的层次结构分析模型。

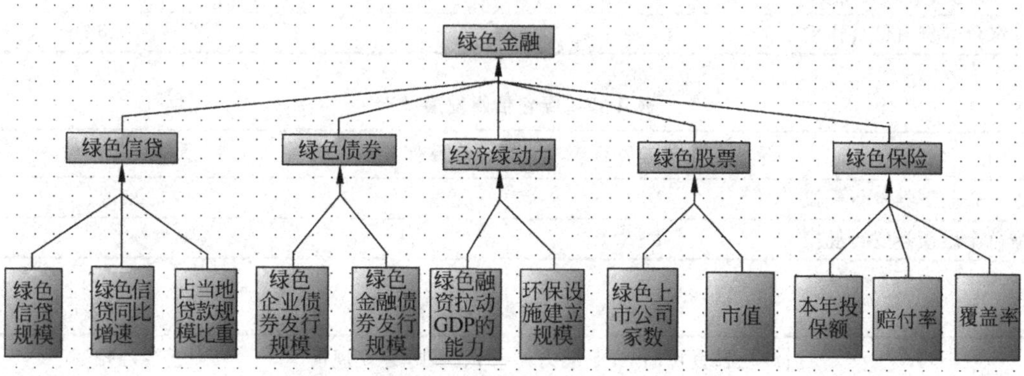

图 4-3　绿色金融发展度层次结构分析模型

3. 构造判断矩阵

首先，选取 8 位在绿色金融方面经验丰富、业务熟悉的专家进行比较，并且引入 1—9 标度法将两两比较的数值表示出来。由于绿色基金和绿色金融试验区无法定量测算，且根据 8 位行业专家的对比结果，选取了绿色信贷、绿色债券、绿色股票、绿色保险和经济绿动力 5 个指标作为评价指标，构造的一级指标体系判断矩阵形式如表 4-15 所示。

表 4-15　各项一级评价指标的指标值

一级评价指标	绿色信贷	绿色债券	绿色股票	绿色保险	经济绿动力	重要性排序值
绿色信贷	1	3	5	7	4	0.483 9
绿色债券	1/3	1	3	6	2	0.237 6
绿色股票	1/5	1/3	1	2	1/2	0.084 1
绿色保险	1/7	1/6	1/2	1	1/5	0.043 2
经济绿动力	1/4	1/2	2	5	1	0.151 2

注：重要性排序值即权重的计算通过 Excel 公式计算得出。

各向量权重的计算步骤如下：

(1) 计算判断矩阵的每一行元素的乘积，得出 $M_1=420, M_2=12, M_3=0.066\,7, M_4=0.024, M_5=1.25$。

(2) 计算 M 的 n 次方根 $\overline{W}$。

(3) 对向量 $\overline{W}$ 归一化处理得：$W_1=0.4839$，$W_2=0.2376$，$W_3=0.0841$，$W_4=0.0432$，$W_5=0.1512$，经归一化处理得到的 W_i 即为各指标的重要性程度，即权重(以下权重计算同理，不详细列出)。

构造二级评价指标判断矩阵 ***C***、***D***、***E***、***F***、***H***，依次如表 4-16，表 4-17，表 4-18，表 4-19，表 4-20 所示。

表 4-16 绿色信贷发展状况

C	绿色信贷规模(余额)	绿色信贷同比增速	绿色信贷占信贷比重	重要性排序值
绿色信贷规模(余额)	1	2	1/4	0.186 5
绿色信贷同比增速	1/2	1	1/3	0.126 5
绿色信贷占信贷比重	4	3	1	0.687 0

表 4-17 绿色债券发展状况

D	绿色企业债券发行规模	绿色金融债券发行规模	重要性排序值
绿色企业债券发行规模	1	1	0.5
绿色金融债券发行规模	1	1	0.5

表 4-18 经济绿动力发展状况

E	绿色融资拉动 GDP 能力	环保设施建立规模	重要性排序
绿色融资拉动 GDP 能力	1	4	0.8
环保设施建立规模	1/4	1	0.2

表 4-19 绿色股票发展状况

F	绿色上市公司家数	市值	重要性排序
绿色上市公司家数	1	1/2	0.333 3
市值	2	1	0.666 7

表 4-20 绿色保险发展状况

H	本年投保额	赔付率	覆盖率	重要性排序
本年投保额	1	4	1/2	0.333 1
赔付率	1/4	1	1/5	0.097 4
覆盖率	2	5	1	0.569 5

4. 层次单排序及其一致性检验

在上述过程中建立了判断矩阵，使得判断思维量化、数学化，简化了问题的分析。为保证应用层次分析法分析得到的结论合理，还需要对构造的判断矩阵进行一致性检验。

(1) 对表 4-15 的一级判断矩阵进行一致性检验，这里用 Excel 进行计算，经计算可得：$\lambda=5.1314$；$CI=(\lambda-5)/(5-1)=0.0329$；$CR=CI/RI=0.0293<0.10$，所以该判断

矩阵具有满意的一致性。

综上，一致性检验过程和结果表明判断矩阵通过了一致性检验，绿色信贷、绿色债券、绿色股票、绿色保险和经济绿动力的权重分别为0.483 9、0.237 6、0.084 1、0.043 2、0.151 2。

（2）对表4-16的判断矩阵 $\boldsymbol{C}$ 进行一致性检验，经计算可得：

$\lambda=3.094$；$CI=(\lambda-3)/(3-1)=0.047$；$RI=0.58$；$CR=CI/RI=0.081<0.10$。因此，对绿色信贷发展状况判断矩阵的一致性检验通过，各项评价准则的优劣排序为：绿色信贷规模（0.186 5），绿色信贷同比增速（0.126 5），绿色信贷占信贷比重（0.687 0）

（3）对表4-20的判断矩阵绿色保险的发展状况进行一致性检验，经计算可得：$\lambda=3.0246$；$CI=(\lambda-3)/(3-1)=0.0123$；$RI=0.58$；$CR=CI/RI=0.0239<0.10$。因此，对绿色保险的发展状况判断矩阵的一致性检验通过，各项评价准则的优劣排序为：本年投保额（0.333 1），赔付率（0.097 4），覆盖率（0.569 5）

由于一二阶判断矩阵总是具有完全一致性，且其余判断矩阵都为二阶矩阵，所以不需要进行一致性检验。

5. 层次总排序

求出层次单排序的结果后，可以得到综合评价总排序如表4-21所示。

表4-21 绿色金融发展度层次总排序权值

指标	中间层权数	子指标	子指标层权数	综合评价总排序
绿色信贷	0.483 9	绿色信贷规模（余额）	0.186 5	0.090 3
		绿色信贷同比增速	0.126 5	0.061 2
		绿色信贷占信贷比重	0.687 0	0.332 4
绿色债券	0.237 6	绿色企业债券发行规模	0.5	0.118 8
		绿色金融债券发行规模	0.5	0.118 8
经济绿动力	0.1512	绿色融资拉动GDP能力	0.8	0.121 0
		环保设施建立规模	0.2	0.030 2
绿色股票	0.0841	绿色上市公司家数	0.333 3	0.028 0
		市值	0.666 7	0.056 1
绿色保险	0.043 2	本年投保额	0.333 1	0.014 4
		赔付率	0.097 4	0.004 2
		覆盖率	0.569 5	0.024 6

通过表4-21可以看出绿色金融发展度评价准则的重要性排序为绿色信贷占总信贷的比重，绿色融资拉动GDP能力，绿色债券发行规模，绿色信贷规模（余额），绿色信贷同比增速，绿色上市公司市值，环保设施建立规模，绿色上市公司家数，绿色保险覆盖率，绿色保险本年投保额，绿色保险赔付率。其中，绿色信贷对绿色金融发展度的重要性占比较大为0.483 9，占将近一半的比重。

6. 实证分析

因为指标中存在不同的量纲，需进行标准化处理，而且为使得指标具有可比性，将所有指标均一致化为正向指标。其中，数据来源包括中国知网、山西银行网、中国人民银行官网、银保监会官网等网站。

山西省 2016—2019 年的绿色信贷发展状况，如图 4-4 和表 4-22 所示。

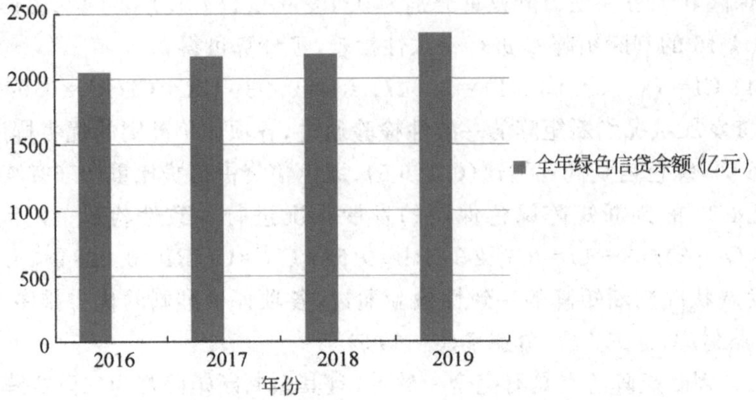

图 4-4　山西省绿色信贷 2016—2019 年全年信贷余额

表 4-22　山西省 2016—2019 年的绿色信贷发展数据统计

年　　份	2016	2017	2018	2019(截至 6 月末)
全年绿色信贷余额(亿元)	2 050.9	2 176	2 191	2 346
较年初增加(亿元)	179	125.1	15	155

注：数据来源于《山西银行业年度社会责任报告》。

从以上评分和数据分析来看，山西省绿色金融发展逐年增长，由于绿色信贷在评价绿色金融发展度方面占较大比重，故而单独对山西省 2016—2019 年的绿色信贷发展数据进行分析，可以看到 2016—2019 年绿色信贷平稳增长，尤其是 2019 年仅仅半年的绿色信贷余额已经较年初增加 155 亿元，绿色信贷发展态势健康良好。

7. 政策建议

从以上测度结果和分析来看，山西省近几年来的绿色金融发展与创新取得了一定的成果。在绿色信贷方面，2019 年年初截至 6 月末，山西省全省银行业金融机构绿色信贷余额 2 346 亿元，较年初增加 155 亿元、增长 7.07%，占各项贷款的 8.66%。绿色信贷资产质量继续保持良好态势，不良贷款持续“双降”。

但是对于山西绿色金融发展来说仍存在一些问题，比如绿色金融覆盖范围较小、绿色金融模式的发展比较单一等问题，所以提出以下三点建议：一是完善绿色金融奖励、激励机制，政府应该健全绿色金融发展配套的政策，如税费减免、定期进行绿色企业项目认定、加大奖惩力度等；二是积极探索绿色金融产品，继续加强绿色信贷创新，积极设计符合国情的绿色金融相关产品，拓展其他绿色金融业务，推广强制性绿色保险等；三是引进并培养一流绿色金融人才，鼓励研究院所与金融机构联合申报课题研究，尤其是对基础理论的研究，并且建立相应的人才培养基地，给大学生普及绿色金融知识等。

思考与习题

1. 简述层次分析法的基本原理。
2. 简述层次分析法的基本步骤。
3. 如何判断一致性?
4. 请判断矩阵 $\boldsymbol{A}$ 的一致性。

$$\boldsymbol{A}=\begin{bmatrix}1 & 1/5 & 1/3\\ 5 & 1 & 3\\ 3 & 1/3 & 1\end{bmatrix}$$

5. 请判断矩阵 $\boldsymbol{B}$ 的一致性。

$$\boldsymbol{B}=\begin{bmatrix}1 & 1/2 & 1/3 & 1/4\\ 2 & \mathbf{1} & 5 & 6\\ 3 & 1/5 & 1 & 1/7\\ 4 & 1/6 & 7 & 1\end{bmatrix}$$

6. 请判断矩阵 $\boldsymbol{C}$ 的一致性。

$$\boldsymbol{C}=\begin{bmatrix}1 & 1/2 & 1/3 & 1/4 & 1/5\\ 2 & \mathbf{1} & 5 & 6 & 4\\ 3 & 1/5 & 1 & 1/7 & 3\\ 4 & 1/6 & 7 & 1 & 2\\ 5 & 1/4 & 1/3 & 1/2 & 1\end{bmatrix}$$

7. 假设某一企业经过发展,有一笔利润资金要企业领导决定如何使用。企业领导经过实际调查并参考员工建议,现有如下方案可供选择:

- 作为奖金发给员工;
- 扩建员工宿舍、食堂等福利设施;
- 办员工进修班;
- 修建图书馆、俱乐部等;
- 引进新技术设备进行企业技术改造。

请用层次分析法进行决策。

8. 物流中心是处于枢纽或重要位置、具有完整的物流环节,并能将物流集散、信息和控制等功能实现一体化运作的物流节点。物流中心必须具有较大规模的物资集散或转运地点,如大型物资仓库、港口码头和空港等。由于物流中心规模庞大、地处要道,其建设和经营不仅会影响到周边地区,甚至会对整个城市的经济发展以及所处区域的生态环境带来重大影响。影响物流中心选址的因素很多,但这些因素可概括为经济效益和社会效益两个主要方面。满足经济效益是保证物流节点稳定运行和发挥最大效能的前提条件,而满足社会效益则是可持续发展的重要环节。物流中心的选址,应适当设置在远离市中心区的地方,使得大城市的流通机能、道路交通状况得到改善,城市机能得以维持和增进。请采用层次分析法进行物流中心选址,即结合物流中心的职能及选址原则,考虑经济效益和社会效益,对多个选址方案进行逐一评价,寻求最佳的选址方案。

【在线测试题】 扫描书背面的二维码，获取答题权限

扫描此码 在线自测

第5章

模糊综合评判法

5.1 基本原理

每个概念都有它的内涵和外延。内涵是指该概念所特指事物本质特征的综合，也就是概念的内容。外延是指一个概念特指事物的范围。模糊综合评判法中的模糊是指这个事物的外延没有明显的界限，也可以说它的范围是不明了的、模糊的。数学集合 Z 中要素 z 与集合的关系只有“z 属于 Z”或者“z 不属于 Z”两种情况，实际生活中很多事物的属性不会这样清晰。比如“老人”这个词，它的概念我们非常了解，可是它的范围，即多大年龄以上算是老人，并没有一个准确的答案，因为“老人”和“中年人”之间并没有明显的界限，这就属于模糊的范畴。

模糊综合评判法是指当一个事物受多个要素作用时，对其进行的一种多要素综合评价方法。当我们对一个事物进行评价时，为了保证评价结果的全面客观，往往从多方面入手综合考虑。例如，对学生进行考评，应该考虑到各门功课的成绩，也不能忽略品行和健康，但品行和健康的范围是没有清晰界限的。模糊综合评判法能够根据最大隶属度原则将定性指标转变为定量指标，从而对受多个要素影响的事物进行综合评价，该方法的评判结果比人为主观因素的决策更有依据，结果更为客观，各种非确定问题的决策宜采用此方法。

模糊综合评判包括单层模糊综合评判和多层模糊综合评判。在复杂系统中，因素很多，如果权重的分配比较均衡，当因素大于 10 时，就会有多个权重小于 0.1，当权重过于微小就会掩盖该因素的作用，此时就不能得到客观的结论。当遇到这种情况时，可以根据问题的特征将影响因素分层，先求出一层内部的评判结论，再根据得到的 N 个一层结论再次求解，这个过程就是多层次模糊综合评判。例如，对高等学校的综合评估可以看成两层的综合评判问题：

因素集为 $U=\{U_1=$校风$,U_2=$教学$,U_3=$科研$,U_4=$后勤$\}$

评语集为 $V=\{V_1=$很好$,V_2=$较好$,V_3=$一般$,V_4=$较差$\}$

因素 U_2 又由下面的因素决定，$U_2=\{$师资队伍，教学设施，学生质量$\}$，为节省篇幅，校风、科研、后勤等因素均未写出。

先对每个 U_i 的多个因素进行综合评判，再进行 U 的总体综合评判，最后的结果就是两级综合评判的结果。

在用精确数学工具和方法评价实际问题时，本身也有许多的局限性，其中之一就是如何处理实际问题中具有“模糊”性质的因素。用精确的数学方法和数据，依据严谨的推理过程来评价实际问题时，往往发现事与愿违，常常造成量化对象勉强、量化过程简单，其结论可能与实际情况相去甚远，从而影响评价的客观性和准确性。复杂化和精确性有时是难以统一的，尤其是在经济领域。因此，当涉及的因素都是模糊概念时，传统的方法就不适用了，需要采用模糊综合评价法，它恰恰适应评价指标的模糊性。

所谓“模糊性”，主要是指客观事物中间过渡中的“不分明性”。例如，“年轻”与“年老”是有本质区别的两个概念，但是它们的区别是逐渐的，而不是突变的，两者之间并不存在显著的年龄界限。也就是说，这两者带有某种程度的模糊性。同样，大与小这两个对立概念之间也不存在绝对分明的界限，具有模糊性。同时，大与小是在一定范围内与某种标准模式识别的结果，因此，评价实际问题本质上是确定被评价对象的隶属度。

为了使评价更接近实际情况，就必须考虑这些不确定的、模糊的因素。然而迄今为止，几乎所有的评价模型都是建立在精确数学的基础之上，过分强调能够定量的指标，不得不放弃许多重要但难以量化的指标。如果建立基于模糊数学的评价模型，用模糊集合论描述这些因素，则评价更具有全面性、综合性和客观性。模糊综合评价法是基于模糊数学理论对评价对象进行综合评价的一种方法，符合现象的模糊性，并且能较全面地汇集各评价人员的意见。

模糊综合评价法是对受多种因素影响的事物进行全面评价的一种十分有效的多因素决策方法，该方法既有严格的定量刻画，又有对难以定量分析的模糊现象进行主观上的定性描述，把定性描述和定量分析紧密地结合起来，应用面广，对主观指标、客观指标都适用。其最大优点是不仅能处理现象的模糊性，综合各个因素对总体的影响作用，而且能用数字反映人的经验。凡是涉及多因素的综合判断问题，都可以用模糊综合评价法来解决。因此，在全面考虑实际问题评价指标的模糊性后，倾向于运用科学规范、客观公正、简便易行、广泛适应的模糊综合评价法对实际问题进行综合评价。

5.2 基本步骤

5.2.1 确定评价因素、评价等级

设 $U=(u_1,u_2,\cdots,u_m)$ 为刻画被评价对象的 m 种因素（即评价指标）；

$V=(v_1,v_2,\cdots,v_n)$ 为刻画每一因素所处状态的 n 种决断（即评价等级）。

这里，m 为评价因素的个数，由具体指标体系决定；n 为评语的个数，一般划分为 3～5 个等级。

5.2.2 构造评判矩阵和确定权重

首先，对着眼因素集中的单因素 $u_i(i=1,2,\cdots,m)$ 进行单因素评判，从因素 u_i 着眼该事物对抉择等级 $v_j(j=1,2,\cdots,n)$ 的隶属度为 r_{ij}，这样就得出第 i 个因素 u_i 的单因素评

判集：

$$r_i=(r_{i1},r_{i2},\cdots,r_{in}) \tag{5-1}$$

这样 m 个着眼因素的评价集就构造出一个总的评价矩阵 **R**，即每一个被评价对象确定了从 U 到 V 的模糊关系 **R**，它是一个矩阵：

$$\boldsymbol{R}=(r_{ij})_{m\times n}=\begin{bmatrix} r_{11} & r_{12} & \cdots & r_{1n} \\ r_{21} & r_{22} & \cdots & r_{2n} \\ \cdots & \cdots & \cdots & \cdots \\ r_{m1} & r_{m2} & \cdots & r_{mn} \end{bmatrix} \tag{5-2}$$

其中，r_{ij} 表示从因素 u_i 着眼，该评判对象能被评为 v_j 的隶属度（$i=1,2,\cdots,m,j=1,2,\cdots,n$）。具体来说，$r_{ij}$ 表示第 i 个因素 u_i 在第 j 个评语 v_j 上的频率分布，一般将其归一化，使之满足 $\sum r_{ij}=1$。这样，**R** 矩阵本身就是没有量纲的，不须进行专门处理。

一般来说，主观或定性的指标都具有一定程度的模糊性，可以采用等级比重法。用等级比重法确定隶属矩阵的方法，可以满足模糊综合评判的要求。用等级比重法确定隶属度时，为了保证可靠性，一般要注意两个问题：第一，评价者人数不能太少，因为只有这样，等级比重才趋于隶属度；第二，评价者必须对被评事物有相当的了解，特别是一些涉及专业方面的评价，更应该如此。对于客观和定量指标，可以选用频率法。频率法是先划分指标值在不同等级的变化区间，然后以指标值的历史资料在各等级变化区间出现的频率作为对各等级模糊子集的隶属度。这种方法操作方便，工作量小，但是比较粗糙，指标值的等级区间划分会影响评价结果。

得到这样的模糊关系矩阵，尚不足以对事物进行评价。评价因素集中的各个因素在“评价目标”中有不同的地位和作用，即各评价因素在综合评价中占有不同的比重。引入 U 上的一个模糊子集 A，称之为权重或权数分配集，$A=(a_1,a_2\cdots,a_m)$，其中 $a_i\gg 0$ 且 $\sum a_i=1$，它反映对诸因素的一种权衡。

权数是表征因素相对重要性大小的量度值。常见的评价问题中的赋权数，一般多凭经验主观臆测，富有浓厚的主观色彩。在某些情况下，主观确定权数尚有客观的一面，一定程度上反映了实际情况，评价的结果有较高的参考价值。但是主观判断权数有时严重地扭曲了客观实际，使评价的结果严重失真，有可能导致决策者的错误判断。在某些情况下，确定权数可以利用数学的方法，尽管数学方法掺杂有主观性，但因数学方法严格的逻辑性而且可以对确定的“权数”进行“滤波”和“修复”处理，以尽量剔除主观成分，符合客观现实。

这样，就存在两种模糊集，以主观赋权为例，一类是标志因素集 U 中各元素在人们心目中重要程度的量，表现为因素集 U 上的模糊权重向量 $\boldsymbol{A}=(a_1,a_2,\cdots,a_m)$；另一类是 $U\times V$ 上的模糊关系，表现为 $m\times n$ 模糊矩阵 **R**。这两类模糊集都是人们价值观念或者偏好结构的反映。

5.2.3 进行模糊合成和制定决策

R 中不同的行反映了某个被评价事物从不同的单因素来看对各等级模糊子集的隶属程度。用模糊权向量 A 将不同的行进行综合，就可得到该被评事物从总体上来看对各等级模糊子集的隶属程度，即模糊综合评价结果向量。

引入 V 上的一个模糊子集 B，称模糊评价，又称决策集。$B=(b_1,b_2,\cdots,b_n)$。

如何由 $\boldsymbol{R}$ 与 A 求 B 呢？一般地令 $B=A*\boldsymbol{R}$（ * 为算子符号），称之为模糊变换。

这个模型看起来很简单，但实际上较为复杂。给予不同的模糊算子，就有不同的评价模型。

从理论上而言，上述的广义模糊合成运算有无穷多种，但在实际应用中，经常采用的具体模型只有几种。关于 B 的求法，最早的合成运算采用查德算子（主因素突出型）。但当评价因素较多时，由于 a_i 很小，评判结果得到的 b_j 反映不出实际情况，失去了综合评价的意义。因此，应用查德算子进行综合评判，往往得到的结果与实际情况相差很大。为了克服这一缺点，人们常常根据实际情况采用其他类型的“与”“或”算子，或者将两种类型的算子搭配使用。当然，最简单的是普通矩阵乘法（即加权平均法），这种模型要让每个因素都对综合评价有所贡献，比较客观地反映了评价对象的全貌。这时的算子为普通积，所以它是一个很容易理解、很容易接受的合成方法。在实际问题中，我们不一定仅限于已知的算子对，应该依据具体的情形，采用合适的算子对，大胆试验、大胆创新。只要采用的算子对一方面抓住实际问题的本质，获得满意的效果，另一方面保证满足 $0 \leqslant b_j < 1$ 即可。

如果评判结果 $\sum b_j \neq 1$，应将它归一化。

b_j 表示被评价对象具有评语 u_i 的程度。各个评判指标，具体反映了评判对象在所评判的特征方面的分布状态，使评判者对评判对象有更深入的了解，并能进行各种灵活的处理。如果要选择一个决策，则可选择最大的 b_j 所对应的等级 v_j 作为综合评判的结果。

B 是对每个被评判对象综合状况分等级的程度描述，它不能直接用于被评判对象间的排序评优，必须有更进一步的分析处理，待分析处理之后才能应用。通常可以采用最大隶属度法则对其进行处理，得到最终评判结果。此时，我们只利用 $b_i(i=1,2,\cdots,n)$ 的最大者，没有充分利用 B 所带来的信息。为了充分利用 B 所带来的信息，可把各种等级的评级参数和评判结果 B 进行综合考虑，使得评判结果更加符合实际。此时，我们可假设相对于各等级 v_j 规定的参数列向量为

$$\boldsymbol{C}=(c_1,c_2,\cdots,c_n)^{\mathrm{T}} \tag{5-3}$$

则得出等级参数评判结果为

$$B*\boldsymbol{C}=p \tag{5-4}$$

p 是一个实数，它反映了由等级模糊子集 B 和等级参数向量 C 所带来的综合信息，在许多实际应用中，它是十分有用的综合参数。

5.3 实际应用案例

5.3.1 模糊综合评判法在土地整治效益评价中的应用

1. 研究背景

中国农村土地整治是当前学术界广泛关注的问题，许多学者对土地整治的意义、存在的问题、效益评价体系等进行了研究。前人的研究为农村土地整治效益评价研究奠定了良好

的基础，也提供了方法的借鉴，但是存在着评价方法单一、指标信息重复等问题。因此，农村土地整治综合效益评价的研究方法还需要不断完善。

随着重庆市社会经济的快速发展，结合农业现代化的推进，以及统筹城乡发展战略的强力实施，重庆市农村土地整治工作取得了显著的成绩。近几年先后提出并开展了"整村推进""土地整理和农村发展示范项目"和"千百工程"等土地整治项目，为进行土地整治效益评价提供了实证依据。通过对位于重庆市"一小时经济圈"的永川区、"渝东北翼"的云阳县和"渝东南翼"的石柱土家族自治县共 26 个开展过土地整治或具有良好整治潜力的村庄进行调查研究，通过与镇村领导干部和村民座谈以及村域实地走访调查相结合等方式收集了大量资料并进行总结分析，采用 AHP 和模糊综合评价方法建立效益评价指标体系对土地整治后效益进行评价，以期对已开展土地整治项目的效益进行客观的评估，明确今后土地整治项目管理完善的重点，也为其他类似地区农村土地整治效益评价提供借鉴。

2. 研究区域及数据处理

研究区域包括永川区、云阳县和石柱县 12 个乡镇 26 个村(见表 5-1)。永川区是重庆市规划建设中的六大区域性中心城市之一，是正在打造的"三峡—重庆(主城)—大足"黄金旅游线上的新型城市。云阳县地处三峡库区腹心地带，是"开县—云阳—奉节—巫山"连片范围集中区域的人口大县，也是渝东北万开云综合产业发展区的重要组成部分与长江三峡黄金旅游带的重要节点。石柱县地处三峡库区和武陵山区的接合部，有传统农业和特色旅游业优势，未来定位成为渝东枢纽门户和渝东地区绿色生态经济强县。研究所涉及的 26 个村大部分已开展土地整治，部分未开展整治的，经调查其潜力较大，是未来整治的重点区域。土地整治潜力主要来源于对滩涂、荒草地等未利用地的开发，农村居民点复垦，以及为提高土地利用率、生产率、劳动生产率和改善环境而进行的土地整治。

表 5-1 研究涉及乡镇及村

指标	县(区)	镇(乡)	村(社区)
已整治	石柱县	冷水乡 临溪镇 王场镇	八龙村、河源村、前进村、前光村、太和社区
	云阳县	宝坪镇 农坝乡 清水乡 票草乡 凤鸣镇	荷花村、水磨社区幸福村、龙堰村、宝台村、建新村、双丰村、长岭村、梧桐社区
	永川区	板桥乡 朱沱乡 双石乡 卫星湖街道	汪家岩村、龙门滩村、马道子村、新岸山村、响滩子村、牛尾铺村、五龙桥村、小竹溪村、七郎村
部分未整治	石柱县 王场镇		双星村
待整治	云阳县 凤鸣镇		黄龙村
潜力较大	永川区 卫星湖街道		南华村

调查内容见表 5-2。

表 5-2　调查内容及相关指标

调查内容	参考指标	均值	标准差
农户基本信息	劳动力人口数/个	2.38	0.99
	文化程度(小学及以下＝1,初中＝2,高中及以上＝3)	—	—
	非农收入比重(20%以下＝1,20%～40%＝2,40%～60%＝3,60%以上＝4)	—	—
参与项目情况	征求意见情况(征求较多＝1,征求较少＝2,没有征求＝3)	—	—
	采纳意见情况(采纳较多＝1,采纳较少＝2,没有采纳＝3)	—	—
	参与项目情况(参与较多＝1,参与较少＝2,没有参与＝3)	—	—
项目效益(整治后)	耕地面积/hm^2	5.35	1.35
	田块数量/块耕作距离/m	7.17	1.50
	产量/(kg/hm^2)	487.98	186.96
	人均收入/元	764.79	246.62
	环境改善(得到改善＝1,未改善＝2)	3 161.60	1 572.51
		—	—
项目满意情况	项目满意率(十分满意＝1,满意＝2,一般＝3,不满意＝4)	—	—

注：问卷调查内容参考了国土资源部土地整治中心设计的“农村土地整治万里行”重庆调查部分。

3. 土地整治效益评价指标体系构建

土地整治效益包括综合效益和单项效益(经济效益、社会效益、生态效益),选取客观合理的评价指标体系,建立评价指标是评价土地整治效益的基础。在指标选取时遵循科学性、系统性、可操作性原则,选取覆盖面宽、有代表性、可获得性和能够反映项目情况的数据。因此,考虑一般土地整治项目的共同特点和所取得的数据特点,将土地整治效益评价指标分为三大类别,即：经济效益指标(U_1)、社会效益指标(U_2)、生态效益指标(U_3),得到土地整治效益评价指标,如表 5-3 所示。

表 5-3　土地整治效益评价指标表

目标层	准则层	指标层名称	计算方式
土地综合整治效益	经济效益指标	农地单产增加率	[(整治后的单产－整治前的单产)/整治前的单产]
		项目总产值增加率	[(整治后项目区总产值－整治前项目区总产值)/整治前项目区总产值]
		整治后的复种指数	[整治后全年播种(或移栽)作物的总面积/耕地总面积]
		农民年纯收入增加率	[(整治后农民年纯收入－整治前农民年纯收入)/整治前农民年纯收入]

续表

目标层	准则层	指标层名称	计算方式
土地综合整治效益	社会效益指标	居民满意率	项目区满意土地整治项目人口数/项目区总人口数
		新增耕地可供养人数	新增耕地面积×(项目区总人口/项目区耕地总面积)
		耕作距离缩短率	[(整治前项目区耕作距离－整治后项目区耕作距离)/整治前项目区耕作距离]
		宅基地面积变化率	[(整治前户均宅基地面积－整治后户均宅基地面积)/整治前户均宅基地面积]
	生态效益指标	田块规整变动变化率	[(整治前户均田块数量－整治后户均田块数量)/整治前户均田块数量]
		人均耕地面积增加率	[(整治后人均耕地面积－整治前人均耕地面积)/整治前人均耕地面积]
		农田水利设施和交通条件改善率	[(整治后农田水利设施、路网增加改善面积－整治前农田水利设施、路网面积)/整治前农田水利设施、路网面积]
		绿色植物覆盖增加率	[(整治后农作物、林地、草地总面积－整治前农作物、林地、草地总面积)/项目区总面积]
		水域面积变化率	[(整治后坑塘、水库、河流总面积－整治前坑塘、水库、河流总面积)/整治前坑塘、水库、河流总面积]
		人均绿地面积增加率	[(整治后人均林草地面积－整治前人均林草地面积)/整治前人均林草地面积]
		水土流失治理率	(已治理的水土流失面积/水土流失总面积)
		整治后生物丰度指数	[(0.35×林地面积＋0.28×水域面积＋0.21×牧草地面积＋0.11×耕地面积＋0.04×建设用地面积＋0.01×其他土地面积)/项目区总面积]

注：生物丰度指数主要用于衡量被评价区域内生物多样性的丰贫程度，是生态环境质量的评价指标之一。各土地利用类型面积的权重标准参考国家环保总局颁布的《生态环境状况评价技术规范(试行)》(HJ/T192—2006)。

用层次分析法确定各个指标的权重，如表 5-4 所示。

表 5-4　土地整治效益评价指标权重

目标层	准则层	权重	指标层名称	指标值	权重
土地整治综合效益	经济效益	0.540 7	农地单产增加率	7.95	0.308 5
			项目区总产值增加率	11.45	0.260 7
			整治后的复种指数	1.40	0.089 9
			农民年纯收入增加率	9.89	0.340 8
	社会效益	0.196 3	居民满意率	74.59	0.190 7
			新增耕地可供养人数	836.00	0.167 6
			耕作距离缩短率	16.90	0.072 4
			宅基地面积变化率	5.64	0.034 2
			田块规整变动变化率	15.62	0.124 5
			人均耕地面积增加率	7.25	0.209 2
			农田水利设施和交通条件改善率	3.87	0.201 4

续表

目标层	准则层	权重	指标层名称	指标值	权重
土地整治综合效益	生态效益	0.2630	绿色植物覆盖增加率	2.10	0.1201
			水域面积变化率	31.12	0.2842
			人均绿地面积增加率	4.04	0.0580
			水土流失治理率	59.13	0.2900
			整治后生物丰度指数	22.50	0.2477

4. 模型建立

土地整治效益是一种综合效益,又可分解为经济效益、社会效益和生态效益。3个方面的效益由不同要素来体现,每一种要素都对应有表征其特征属性的指标。因此,需要选择一个客观、直接的效益评价模型。模糊综合评价法的特点是可以通过隶属度理论把定性评价转化为定量评价,从而对受到多种因素制约的事物或者对象进行一个总体评价。结合前面构建的指标体系,在极差标准化处理的基础上,可以得出评价要素集合为 $U=(U_1,U_2,U_3)$,其中,各单要素子集 $U_i\ (i=1,2,3)$ 分别为:

$$U_1=(U_{11},U_{12},U_{13},U_{14})$$
$$U_2=(U_{21},U_{22},U_{23},U_{24},U_{25}.U_{26},U_{27})$$
$$U_3=(U_{31},U_{32},U_{33},U_{34},U_{35})$$

再结合研究区域的实际情况和调研结果的统计分析,将评判等级标准分为“优”“良”“中”“差”4个等级,即评价如果着眼于第 $i\ (i=1,2,3)$ 个评判因素 U_i,其单因素集合为 $V=(V_1,V_2,V_3,V_4)=$(优,良,中,差)。单一评价结果为 $\boldsymbol{R}_i=(r_{i1},r_{i2},\cdots,r_{im})$,则各个评价因素的评价指标效益评价见表5-5。矩阵 $\boldsymbol{R}$ 就定义了 U 到 V 上的一个模糊关系。

表 5-5 单一评价指标效益评价

目标层	准则层	指标层	指标值	优	良	中	差
土地整治综合效益	经济效益	农地单产增加率	7.95	0.37	0.21	0.22	0.20
		项目区总产值增加率	11.45	0.29	0.37	0.34	0.00
		整治后的复种指数	1.40	0.16	0.30	0.54	0.00
		农民年纯收入增加率	9.89	0.16	0.47	0.38	0.00
	社会效益	居民满意率	74.59	0.17	0.26	0.10	0.00
		新增耕地可供养人数	836.00	0.28	0.35	0.48	0.00
		耕作距离缩短率	16.90	0.23	0.58	0.14	0.00
		宅基地面积变化率	5.64	0.26	0.25	0.40	0.12
		田块规整变动变化率	15.62	0.29	0.54	0.20	0.00
		人均耕地面积增加率	7.25	0.47	0.57	0.14	0.00
		农田水利设施和交通条件改善率	3.87	0.11	0.28	0.16	0.09
	生态效益	绿色植物覆盖增加率	2.10	0.17	0.51	0.38	0.00
		水域面积变化率	31.12	0.48	0.20	0.18	0.44
		人均绿地面积增加率	4.04	0.13	0.35	0.17	0.00
		水土流失治理率	59.13	0.10	0.34	0.53	0.00
		整治后生物丰度指数	22.50		0.17	0.32	0.41

如果各评判因素的权数分配为 A，则通过模糊变换，可以得到论域 V 上的一个模糊子集，即综合评价结果 $B=A*\boldsymbol{R}=(b_1,b_2,\cdots,b_m)$，最后将评判结果根据阶梯结构逐级向上汇总，得出农村土地整治效益评价结果。

6. 计算过程及结果

根据收集的研究资料、调查数据，采用模糊数学和精确数学方法对各个评价指标进行定量估算，可以分别得到各个子集 $U_i(i=1,2,3)$ 中重要因素的评价决策矩阵 $\boldsymbol{R}_i(i=1,2,3)$。

$$\boldsymbol{R}_1=\begin{bmatrix}0.37 & 0.21 & 0.22 & 0.20\\ 0.29 & 0.37 & 0.34 & 0.00\\ 0.16 & 0.30 & 0.54 & 0.00\\ 0.16 & 0.47 & 0.38 & 0.00\end{bmatrix}\quad \boldsymbol{R}_2=\begin{bmatrix}0.64 & 0.25 & 0.10 & 0.00\\ 0.17 & 0.35 & 0.48 & 0.00\\ 0.29 & 0.57 & 0.14 & 0.00\\ 0.47 & 0.28 & 0.16 & 0.09\end{bmatrix}$$

$$\boldsymbol{R}_3=\begin{bmatrix}0.11 & 0.51 & 0.38 & 0.00\\ 0.17 & 0.20 & 0.18 & 0.44\\ 0.13 & 0.34 & 0.53 & 0.00\\ 0.10 & 0.17 & 0.32 & 0.41\end{bmatrix}$$

利用前面计算所得的各子集 $U_i(i=1,2,3)$ 诸要素的权重，四舍五入得到：

$A_1=\{0.31,0.26,0.09,0.34\}$，$A_2=\{0.19,0.17,0.21,0.20\}$，$A_3=\{0.12,0.28,0.29,0.25\}$。

采用矩阵乘法，并进行合成运算，可以得到各子集的综合评判结果分别如下：

$B_1=\{0.26,0.35,0.33,0.06\}$，$B_2=\{0.31,0.28,0.16,0.02\}$，$B_3=\{0.12,0.26,0.33,0.23\}$。

由 $B=A*\boldsymbol{R}=(b_1,b_2,\cdots,b_m)$ 可得：$B=\{0.23,0.31,0.30,0.10\}$

根据上述评价分析可知，单项指标中经济效益为“良”的等级占 35%，社会效益为“优”的占 31%，生态效益为“中”的占 33%。因此，研究区域的经济效益评价为“良”，社会效益评价为“优”，而生态效益评价则为“中”。研究区域的土地整治综合效益表现为总体上“优”等级占 23%，“良”占 31%，“中”占 30%，“差”占 10%。按照最大隶属原则，评价区域的土地整治综合效益评价结果为“良”，与实际的总体评价结果相符。结合农村土地整治万里行的调研情况，评价区域“良好”效益主要是通过耕地整治、治荒治灾、结构调整和政策扶持来获得的。土地整治效益不仅表现在调整了土地利用结构，还推进了新农村建设，完善了基础设施建设，提高了农民的幸福感指数。虽然评价区域的土地整治综合效益等级为“良好”，但是单项效益评价结果之间却存在一定的差异，分析存在差异的原因，做到及时纠偏，可以提高土地利用效率，促进土地整治工作可持续发展。

土地整治使农村传统的产业结构得以改变，研究区域的各村庄结合自身特点发展以农产品加工制造为主的第二产业和以农村生态旅游、养老休闲为特色的第三产业，并积极调整第一产业的内部结构。农业基础设施、生产生活条件得以完善和优化，农业生产结构得以调整，农村土地整治为农业持续发展奠定了坚实的基础，农用地的经济效益显著提高。农民年纯收入增加率达到了 9.89%，农地单产增加率达到了 7.95%，项目区总产值得到很大提高。

农村土地整治项目的实施保护了耕地和基本农田，保障了粮食安全和社会稳定。研究区域以新农村建设为契机，通过耕地整理、居民点复垦和修建农村道路、坑塘、水渠等工程，使田块数量减少和耕作距离缩短，农业生产条件都得以改善，综合生产能力得到提高。通过引导村民集中居住，产业集聚，完善农村基础设施，改善了人居环境。以户为单位进行的实地调研结果表明开展农村土地整治后，人均耕地面积增加约 0.025hm^2，耕作距离缩短了近 100 米。田坎系数和农地细碎化程度得到降低，农民最关心的“农田灌溉和排水是否更方便”和“田间交通是否更便利”都得到了改善，居民满意度达到了 74.59%以上。

农村土地整治后研究区域林地面积增加了 119.61hm^2，绿化程度得到提高，水土保持能力增强。但是未利用地的开发、耕地结构调整和公路、铁路等建设项目占地等情况，使绿色植被覆盖和水域面积等受到影响。因此，农村土地整治工程的开展需要在提高土地利用效率、优化土地利用结构的基础上，尽量强化生态保护与建设以提高生态效益。

5.3.2 模糊综合评判法在研究生教育质量评价中的应用

1. 研究背景

党的十九大报告提出“加快一流大学和一流学科建设，实现高等教育内涵式发展”，为新时代的研究生教育指明了新坐标、赋予了新使命。研究生教育处于国民教育顶端，是科技第一生产力、创新第一动力、人才第一资源的重要结合点。一流研究生教育是一流大学的旗帜与标志，更应在“双一流”建设中发挥高端引领和战略支撑作用，成为推动、引领国家现代化发展的重要基础和强劲引擎。一流人才培养是一流研究生教育的根本任务，建立适应新时代与新使命要求的评价体系可为一流人才培养提供导向指引与质量保障。当前，纵观国内外与研究生教育相关的评价体系，整体上看，主要有学科评估、质量认证等；从培养单位来看，主要有面向教学单位的教学状态评估、面向在读研究生和毕业研究生的教育过程与质量调研等。这些评价体系普遍从研究生教育供给侧视角着眼，侧重于教育条件保障、教育过程规范等局部要素，具有一定局限性。

针对以上问题，基于“双一流”建设培养一流人才的新形势、新要求，以“跳出评价看评价”的系统观思维，探讨如何将教育评价放在研究生教育“三全育人”的整体中考察，寻找研究生教育质量评价在实现人才培养、科学研究、社会服务、文化传承创新、国际交流合作等五项职能中的实现路径，建立符合国家和社会发展要求的研究生教育质量评价体系，使之既符合国家、社会对人才培养的要求，又能通过评价规范研究生培养工作，激励各培养单位加大对研究生教育工作的投入，促进学科专业、体制机制和组织机构的多维建设，全面提高研究生培养质量。

2. 评价指标体系构建的基本原则及价值取向

结合研究生教育管理经验，提出构建评价体系应坚持以下原则：

(1)“理论合理”与“数据可得”相结合。研究生教育质量评价指标体系的构建须建立在坚实的理论基础上，在指标选择上要遵循教育规律和国家规范标准。但研究生培养的客观数据可得性较弱且易存在一些误差。因此，在构建评价指标时要统筹理论的合理性和数据的可得性，既要坚持科学性，也要注意可操作性。

(2) 定性评价与定量评价相结合。定量评价直观明了且易对比分析，具有一定的科学性和客观性。但研究生教育质量是一个复杂的系统，涉及诸多因素，很多因素难以直接通过测量手段数值化，如研究生的创新意识、学习态度、法制观念等，而且如果一味地追求量化就会僵化研究生教育的本质，偏离评价目的。因此，在实际构建评价指标时，应当充分考虑定性评价与定量评价相结合，整体把握研究生教育的质量。

(3) 培养质量评价和培养条件评价相结合。研究生培养质量的评价，不单单是对研究生自身的评价，它同时涉及对研究生培养条件的评价，包括研究生培养单位的导师团队建设、学科建设、生源和类型、试验条件、公共服务平台建设等。在评价研究生培养质量时，应当将对培养条件的评价结合起来，培养条件差，无疑会影响研究生培养质量。

(4) 过程评价与结果评价相结合。研究生培养质量的评价应当贯穿于研究生培养的全过程。如果只对培养质量结果进行总结性评价，既不能切实做到研究生培养质量水平的提升，又违背了研究生培养质量评价的初衷。因此，在构建评价指标体系时应当将过程与结果相结合，充分保证形成性评价和终结性评价并重。

(5) 静态评价与动态评价相结合。研究生的培养过程中可能出现培养目标、课程体系、培养方式、考核方式、培养条件等变化，相应的评价标准也应当发生变化。另外，社会需求、社会环境等变化，也极大地影响着研究生培养过程尤其是培养目标和培养方向的设定。因此，在进行研究生培养质量指标体系构建时，既要立足目前的实际设立好静态指标，也要考虑到培养过程的变化，设计相应的动态指标。动态指标设计要有前瞻性，适当超越当前实际，以引导研究生培养质量的发展。

(6) 评价研究生和评价导师相结合。在研究生培养中，导师起着非常重要的作用，对学生做人、做事、做研究等方面都产生着重要的影响。研究生培养质量的提升离不开导师的影响，包括导师的学术水平、科研作风、知识涵养以及潜移默化的人格品质等方面。正确理解导学关系、师生关系，加强对导师在研究生培养过程中所起作用的评价，了解导师的作用和不足，是研究生质量评价体系构建过程中不可或缺的一部分。

(7) 历史评价和现状评价相结合。研究生阶段已经经过了本科阶段的学习，在进入研究生学习之前已积累了一定的知识素养和学业成就。对研究生培养质量进行评价，要充分考虑研究生先前学习经验，关注其学习背景，包括研究生的学历背景、专业背景、本科学习成绩等，将研究生以往学习经历表现作为重要的参考指标。

研究生教育是一项系统性工作，影响质量的因素和环节也是复杂多样的，对指标的遴选，应坚持以下几点价值取向。

① 协调处理一流学科与一般学科关系。一般大学在学科建设过程中往往根据优势学科进行重点发展，在经费、人才以及设备等各方面得到较强支持。在这些一流学科，研究生教育质量评价指标具有先天优势。因此，为平衡与构建良性、全面的学科体系，需要适当提高指标的多样性与动态性。在“双一流”建设背景下，若高校为了获取更多的办学资源，一味拼争，而忽视或者舍弃其他一般学科的协同发展，就等同于对不同学科研究生教育进行主流和非主流的差异性对待。

② 体现以学生为中心，融入学生评价。研究生是研究生教育的主体之一，更是研究生培养质量的载体和体现者。研究生培养质量评价与研究生的切身利益直接相关，但是目前研究生培养质量评价指标往往是教师、专家参与较多，一定程度上忽视了研究生的自我直观感受。反观国外高校，学生正在成为评估的重要参与者。例如，北欧五国（冰岛、丹麦、芬兰、挪威、瑞典）高等教育质量评估较为注重学生参与，取得了较好的效果；瑞典高等教育法规

定，质量保证需要高等院校教职员工与学生共同努力等。当前，“双一流”建设已进入关键时期，无论是立足我国国情进行的研究生教育改革还是借鉴吸收国外一流高校研究生教育的先进经验而进行的教育革新都对我们构建具有发展性、前瞻性的研究生培养质量评价指标体系提出了一定的要求。近年来，国内一些学者通过高校大数据的案例分析，在课程设置、教学方式、课程考核体系、教材选择等方面探讨了“双一流”战略下研究生教育改革的实践和成效，对其他高校相关学科建设有一定的借鉴意义。

3. 服务一流人才培养的评价指标体系设计

研究生培养质量评价指标体系的构建是一项复杂的工程，涉及相关指标的设计、筛选以及权重确定，而首要问题就是确定合理的评价指标。在梳理研究生培养质量评价相关文献基础上，紧密结合国家对一流研究生人才的培养目标要求，依据以上基本原则和所要关注的重点问题，首先建立了学生发展、师资队伍、学校条件以及利益相关方满意度4个一级评价指标。围绕每个一级指标，又根据不同属性内涵，细分为13个二级指标。为便于评估单位操作与实际量化数据的获取，实践中又将上述二级指标进一步细分为91个三级指标，具体如表5-6所示。

表 5-6 指标体系

一级	权重	二级	权重	三级	权重
A1 学生发展	0.23	B1 生源素质	0.23	C1 年度录取/招生比例	0.19
				C2 招生来自重点院校比例	0.20
				C3 生源中跨学科专业比例	0.11
				C4 生源中留学生比例	0.10
				C5 生源有过工作实践比例	0.07
				C6 生源有过境外留学比例	0.08
				C7 来自学科评估高排位生源	0.25
		B2 培养过程	0.24	C8 生均选修课程学分数	0.12
				C9 生均参加实践创新时长	0.13
				C10 生均参加国内外学术会议场次数	0.18
				C11 生均参加省部级(及)以上科研项目数	0.19
				C12 赴境外交流学生占比	0.17
				C13 转专业研究生比例	0.06
				C14 境外联合培养研究生比例	0.14
		B3 学业成绩	0.29	C15 全日制学位研究生学业完成率/平均毕业年限	0.08
				C16 专业学位研究生学业完成率/平均毕业年限	0.08
				C17 学位论文盲审通过率	0.11
				C18 学位论文抽查合格率	0.11
				C19 学生论文抽检优秀率	0.11
				C20 学生违反学术道德人数	0.11
				C21 生均发表国内核心期刊学术论文数	0.11
				C22 生均科研成果转化/注册发明专利数	0.10
				C23 代表性优秀成果	0.12
				C24 生均发表高水平论文数量	0.07

续表

一级	权重	二级	权重	三级	权重
A1 学生发展	0.23	B4 人才质量	0.24	C25　研究生参加全国竞赛获奖情况	0.20
				C26　研究生参加国际大赛获奖情况	0.20
				C27　应届毕业生初次就业率	0.16
				C28　应届毕业生就业学科专业对口率	0.09
				C29　应届毕业生升学/出国比率	0.12
				C30　毕业 5 年创业成功率	0.08
				C31　研究生最长修读年限不能毕业率	0.15
A2 师资队伍	0.25	B5 整体水平	0.35	C32　立德树人、教书育人情况	0.17
				C33　导师违反学术道德人数	0.16
				C34　导师中博士学位比例	0.16
				C35　导师中正高职称比例	0.15
				C36　研究生与导师数量比例	0.14
				C37　导师人均指导研究生数	0.13
				C38　导师带研究生平均年限	0.10
		B6 导师业绩	0.35	C39　3 年师均发表国内核心期刊学术论文数	0.08
				C40　3 年师均发表国际核心期刊学术论文数	0.09
				C41　3 年师均获得省部级及以上科研课题数	0.09
				C42　3 年师均承接纵向科研经费数	0.09
				C43　3 年师均承接横向科研经费数	0.08
				C44　3 年师均为研究生上课课时数	0.08
				C45　导师指导研究生做学位论文平均时长	0.07
				C46　导师中获国家教学成果奖的比例	0.09
				C47　导师中获国家科研成果奖的比例	0.09
				C48　师生科研成果转化/注册发明专利情况	0.08
				C49　师生科研成果获国家级三大奖情况	0.08
				C50　3 年师均发表高水平论文数量	0.09
		B7 国际化水平	0.30	C51　导师中获海外研究生学位的比例	0.20
				C52　导师中有 6 个月以上海外留学经历的比例	0.19
				C53　导师有海外国际组织学术兼职的比例	0.22
				C54　导师有国际合作项目数	0.20
				C55　外籍专任教师/导师数	0.19
A3 学校条件	0.25	B8 资源平台	0.32	C56　学科专业布局与支撑	0.15
				C57　科研实验平台	0.14
				C58　图书馆数据库信息资源	0.15
				C59　优质课程及教材建设	0.16
				C60　参加学术交流/科研机会	0.15
				C61　参加创新创业机会	0.12
				C62　公共服务平台	0.13

续表

一级	权重	二级	权重	三级	权重
A3 学校条件	0.25	B9 培养管理	0.33	C63 培养定位与目标	0.18
				C64 个性化培养方案	0.18
				C65 人才培养模式	0.17
				C66 课程及学习要求	0.17
				C67 学位论文选题要求	0.18
				C68 各培养环节要求及退出机制	0.12
		B10 质量保障	0.35	C69 学位评定标准	0.17
				C70 教学管理制度与监督	0.17
				C71 过程质量监控与预警	0.16
				C72 学位论文流程阶段管理	0.17
				C73 校内学位点自评情况	0.16
				C74 校内学位论文抽查情况	0.18
A4 利益相关方满意度	0.26	B11 学生满意	0.34	C75 培养方案个性化定制	0.17
				C76 职业规划与发展指导	0.17
				C77 综合素养与科研能力提升自评	0.17
				C78 师生之间沟通与指导频度及时间	0.16
				C79 对导师的综合评价	0.17
				C80 对学校的综合评价	0.16
		B12 导师满意	0.36	C81 招生制度与研究生管理	0.17
				C82 导师资格及淘汰机制	0.16
				C83 研究生过程管理制度	0.17
				C84 研究生培养及科研经费	0.17
				C85 对学生学习的综合评价	0.17
				C86 对学校保障的综合评价	0.16
		B13 社会满意	0.31	C87 毕业生就业起薪情况	0.18
				C88 校友 5 年内获晋升情况	0.19
				C89 研究生培养目标与社会需求的适应情况	0.19
				C90 研究生岗位胜任力与用人单位期待的契合情况	0.21
				C91 学校研究生培养质量的社会声誉	0.23

由于指标内涵丰富，从一级指标至三级指标评估逐步细化，共形成 91 个三级指标。限于篇幅，仅以学生发展一级指标下生源素质二级指标的 7 个三级指标为例进行说明。生源素质二级指标下共有年度录取与招生比例、招生来自重点院校比例、生源中跨学科比例、留学生比例、工作实践比例、境外留学经历比例、学科评估高排位生源比例共 7 项内容。该二级指标主要从生源进入研究生阶段前的本科学业素养，体现前文提到的历史评价与现状评价相结合原则。不难发现，这个指标评价利用的主要是比例数据，因而也体现了从生源素质的定性要求与比例数据的定量获取之间的协调统一原则。

同时，在学生发展这项一级指标体系下，通过生源素质、培养过程、学业成果到最后人才质量，形成符合培养逻辑的动态过程，遵循了前文提到的过程评价与结果评价相结合、静态评价与动态评价相结合的基本原则。对比 4 项不同的一级指标，可以看到通过师资队伍与学校条件的评价体系，对应了培养质量评价和培养条件评价相结合以及评价研究生和评价导师相结合的原则。

为便于评价过程的实际操作，提出的评价指标对应的评级取值可采用百分制打分赋值，最后运用层次分析法进行各评价指标的权重赋值或用德尔菲法进行模糊综合评价。

4. 基于 AHP 与 FCE 方法的指标赋权

根据上述得到的评价指标体系，通过征求 19 位负责研究生教育的学者专家意见，形成质量评价体系及指标重要性调研结果。采用层次分析方法与模糊综合评价方法对评价指标体系内同一层次各指标的权重进行科学判断，科学衡量研究生教育质量评价指标体系。

调研 19 位专家对上述 91 项三级指标的相对重要度进行 1—5 级的打分，通过归一化处理可得 91 项三级指标的重要程度分布。图 5-1 为以二级指标“培养过程”下 7 项三级指标重要度分布为例的直方图。

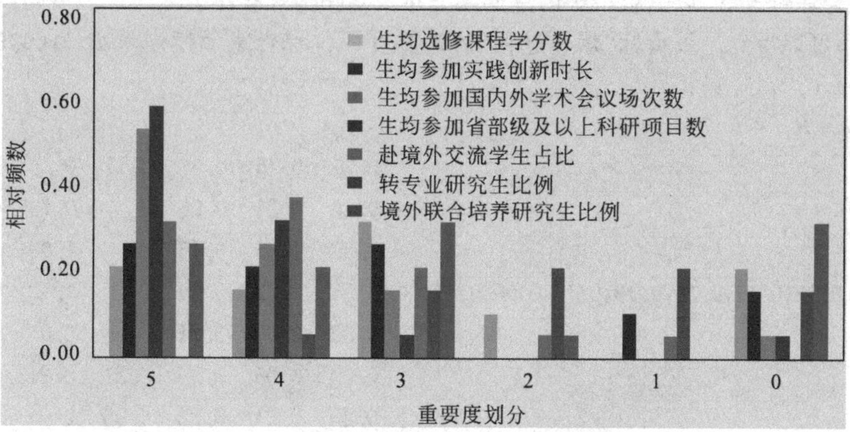

图 5-1 二级指标 B2 下三级指标 C8－C14 的重要度调查结果分布

在此基础上，对所有专家的三级指标重要度相对值进行加权平均，得到三级指标的综合评价表。同样以图 5-2 中生均选修课程学分数为例，评价重要程度[5,4,3,2,1,0]的专家人数占比为[0.21,0.16,0.32,0.11,0.00,0.21]，因此其重要性等级为 5×0.21＋4×0.16＋3×0.32＋2×0.11＝2.87。以此类推，可以得到所有 91 项三级指标的重要度综合评价等级。表 5-7 为二级指标“培养过程”下 7 项三级指标的重要度等级取值。

表 5-7 二级指标 B2 下三级指标 C8－C14 的重要度综合评价及权重

三级指标	重要度等级	权重
C8 生均选修课程学分数	2.87	0.12
C9 生均参加实践创新时长	3.05	0.13
C10 生均参加国内外学术会议场次数	4.16	0.18
C11 生均参加省部级及以上科研项目数	4.32	0.19
C12 赴境外交流学生占比	3.84	0.17
C13 转专业研究生比例	1.32	0.06
C14 境外联合培养研究生比例	3.21	0.14

将上述三级指标的重要度进行两两比较，直接采用重要度赋值进行比较。以指标 C8

与指标 C9 比较，得到相对值 0.93，以此类推，可以得到如下相对判断矩阵：

$$A=\begin{bmatrix}1.00 & 0.93 & 0.68 & 0.65 & 0.74 & 2.15 & 0.88\\0.93 & 1.00 & 0.73 & 0.71 & 0.79 & 2.31 & 0.95\\0.68 & 0.73 & 1.00 & 0.96 & 1.08 & 3.15 & 1.30\\0.65 & 0.71 & 0.96 & 1.00 & 1.12 & 3.27 & 1.35\\0.74 & 0.79 & 1.08 & 1.12 & 1.00 & 2.91 & 1.2\\2.15 & 2.31 & 3.15 & 3.27 & 2.91 & 1.00 & 0.41\\0.88 & 0.95 & 1.30 & 1.35 & 1.2 & 0.41 & 1.00\end{bmatrix}$$

将上述判断矩阵进行一致性检验并得到矩阵最大特征值对应特征向量 $\boldsymbol{W}$，即为三级指标 C8—C14 的权重(见表 5-7)。

根据上述计算方法可得到所有 91 项三级指标在各自二级指标体系下的权重比例。采用模糊综合评价方法，以三级指标的重要度分布矩阵作为模糊综合评价隶属度矩阵 $\boldsymbol{R}$，通过模糊运算，可以得到二级指标“培养过程”的重要度评价综合隶属度向量 B 为(0.36，0.25，0.20，0.04，0.04，0.1)：

$$B=\boldsymbol{W}*\boldsymbol{R}$$

$$=(0.12,0.13,0.18,0.19,0.17,0.06,0.14)*\begin{bmatrix}0.21 & 0.16 & 0.32 & 0.11 & 0 & 0.21\\0.26 & 0.21 & 0.26 & 0 & 0.79 & 0.16\\0.53 & 0.26 & 0.16 & 0 & 1.08 & 0.05\\0.58 & 0.32 & 0.05 & 0 & 1.12 & 0.05\\0.32 & 0.37 & 0.21 & 0.05 & 0.05 & 1.00\\0.00 & 0.05 & 0.16 & 0.21 & 0.21 & 0.37\\0.26 & 0.21 & 0.32 & 0.05 & 0 & 0.16\end{bmatrix}$$

$$=(0.36,0.25,0.20,0.04,0.04,0.10)$$

上式即表示二级指标“培养过程”有 36%的可能属于 5 级重要，有 25%的可能属于 4 级重要，有 20%的可能属于 3 级重要，有 10%的可能属于不重要，另有 4%的可能属于 2 级或者 1 级重要，进而通过综合判断，其重要度最大隶属度值为 3.52。采用同样方法可对所有二级指标进行判断。在此基础上进一步采用层次分析方法，以一级指标学生发展下生源素质、培养过程、学业成果、人才质量四个二级指标进行权重判断，然后进一步采用模糊综合评价方法对一级指标的重要程度进行综合评价，同时采用层次分析方法进行 4 个一级指标的权重评价。

根据上述计算方式，可对 91 项三级指标、13 项二级指标、4 项一级指标进行统一科学计算，相应的权重如表 5-6 所示。

思考题

1. 简述模糊综合评判法的基本原理。
2. 简述模糊综合评判法的基本步骤。
3. 如何选取模糊综合评判法的数学模型？
4. 某服装厂生产某种服装，欲了解顾客对该种服装的欢迎程度。假定顾客是否喜欢这种服装，与这种服装的花色、样式、价格、耐用度和舒适度等因素有关。请采用模糊综合评判法来确定顾客的欢迎程度。

5. 物流中心作为商品周转、分拣、保管、在库管理和流通加工的据点，其促进商品能够按照顾客的要求完成附加价值，克服在其运动过程中所发生的时间和空间障碍。在物流系统中，物流中心的选址是物流系统优化中一个具有战略意义的问题。基于物流中心位置的重要作用，目前已建立了一系列选址模型与算法。这些模型及算法相当复杂，其主要困难在于以下几个方面：

(1) 即使简单的问题也需要大量的约束条件和变量；

(2) 约束条件和变量多使问题的难度呈指数增长。

请用模糊综合评判方法得到合理的物流中心位置。

6. 一个企业经济效益的高低，取决于有没有一个素质好的领导班子，特别是要选配好高素质的一把手。事实证明，企业领导班子特别是一把手的综合素质的高低，不仅对企业经济效益有重大影响，而且关系企业的兴衰与存亡。因此，应该认真抓好选配企业领导班子这项工作。作为一个现代企业的领导者最起码的要求是应具备良好的政治素质、知识素质、能力素质、思维素质、身体素质和作风素质。请应用模糊综合评判法对企业家素质进行综合评价。

【在线测试题】 扫描书背面的二维码，获取答题权限

扫描此码　在线自测

第6章 灰色系统理论综合评价法

6.1 基本理论

灰色系统理论是1982年我国学者邓聚龙教授创立的一种研究少数据、贫信息、不确定性问题的新方法。1982年出版的《系统与控制通讯》刊载了邓聚龙教授的第一篇灰色系统论文《灰色系统的控制问题》；同年，邓教授的另一篇灰色系统论文《灰色控制系统》发表，这两篇开创性论文的公开发表，标志着灰色系统理论这一横断学科的问世。

灰色系统理论的研究对象是部分信息已知而部分信息未知的小样本、不确定性的系统，它通过对已知部分信息的生成、开发实现对现实世界的确切描述和认识。灰色系统理论通过对少数据特征的分析，了解少数据的行为表现，探讨少数据的潜在机制，在综合少数据现象的基础上，揭示少数据、少信息背景下事物的变化规律，为建立人和自然、经济、资源的和谐关系提供依据。

灰色系统理论的主要内容有：灰色哲学、灰色生成、灰色分析、灰色建模、灰色预测、灰色决策、灰色控制、灰色评估、灰色数学等。

6.1.1 灰色综合评价法

灰色综合评价法是一种以灰色关联分析理论为指导，基于专家评判的综合性评估方法。在控制论中，人们常用“黑”表示信息未知，用“白”表示信息完全明确，用“灰”表示部分信息明确、部分信息不明确。相应地，信息未知的系统称为黑色系统，信息完全明确的系统称为白色系统，信息不完全确知的系统称之为灰色系统。灰色系统是介于信息完全知道的白色系统和一无所知的黑色系统之间的中间系统。灰色系统理论主要是利用已知信息来确定系统的未知信息，通过对不确定系统的研究达到对模糊事物认识的目的。

由于灰色系统理论的不断完善发展，该方法的应用范围也越来越广，尤其是基于灰色关联度的灰色综合评价法，其最大的特点是对样本量没有严格的要求，不要求服从任何分布。尤其是对于那些具有明显复杂的层次模糊的结构关系、随机动态变化、不完全性和不确定性的指标数据尤为有效。由于灰色系统的普遍存在，灰色系统理论和灰色综合评价法运用十分广泛。

在一般的系统中，都会包含许多种影响因素，系统的发展是多种影响因素共同作用的结果。在众多影响因素中，有些是主要因素，有些是次要因素；有些因素对系统发展变化起推动性作用，而有些因素对系统发展影响较小。找到影响系统发展的主要因素，抓住事物主要矛盾去解决复杂问题，就可以将所要解决的问题简单化，最终达到解决问题的目的。

6.1.2 灰色关联分析

灰色关联分析是一种系统分析方法。灰色关联是指事物之间的不确定关联或系统因子之间、因子对主行为之间的不确定关联。通过灰色关联分析就可以找出各种影响因素与系统的发展态势之间的关系，从而分辨出哪些是主要因素、哪些是次要因素。灰色关联分析是对系统变化发展态势的定量描述和比较的方法。变化发展态势的比较，依据空间理论的数学基础，按照规范性、偶对称性、整体性和接近性的原则，确定参考序列（母序列）和若干比较数列（自序列）之间的关联系数和关联度。灰色关联分析的目的就是寻求系统中各因素间的主要关系、找出影响目标值的主要因素，从而掌握事物的主要特征，促进和引导系统迅速而有效的发展。

灰色关联分析是灰色系统分析和处理随机变量的一种方法，也是一种数据到数据的映射。它以灰色系统的灰色过程为基础，是动态过程发展态势的量化分析，主要研究动态过程，采用的是曲线几何形状分析比较的方法，其认为几何形状越接近则变化发展态势越接近，关联度就越大。灰色关联度不光考虑了比较数列在数值上对参考数列的贡献程度，而且更为重要的是它动态地看问题，它从各比较数列的发展趋势上进行了比较，若两者关联度越大，则说明该比较数列对参考数列的贡献越大。

灰色系统理论考虑了模糊数学方法处理问题的种种弊端和不足，采用了关联度分析的方法来进行系统分析。灰色关联分析是灰色系统理论的精华，是灰色系统的基本内容。对于信息部分明确、部分不明确的灰色系统，可采用灰色系统关联分析来对其进行分析和讨论，并用关联度来描述各种信息之间的关联顺序。

灰色系统关联分析法实质上是对关联系数的分析。先是求各个方案与由最佳指标组成的理想方案的关联系数，由关联系数得到关联度，再按关联度的大小进行排序、分析，得出结论。这种方法优于经典的精确数学方法，经过把意图、观点和要求概念化、模型化，从而使所研究的灰色系统从结构、模型、关系上逐渐由黑变白，使不明确的因素逐渐明确。该方法突破了传统精确数学绝不允许模棱两可的约束，具有原理简单、易于掌握、计算简便、排序明确、对数据分布类型及变量之间的相关类型无特殊要求等特点，故具有极大的实际应用价值。特别是在计算机科学与技术的支撑下，那些与数学毫不相关或关系不大的学科（如生物学、心理学、语言学、社会科学等）都有可能用定量化和数学化加以描述和处理，从而使该方法的适用范围大大扩展。

6.1.3 灰色系统理论和模糊数学的区别与联系

灰色系统理论和模糊数学是两种最常用的不确定性系统研究方法，其研究对象都具有某种不确定性，但两者是有差别的。灰色系统理论着重研究“少数据不确定”问题，其研究对象具有“外延明确，内涵不明确”的特点，其研究手段主要是通过数据生成处理得出结论，其研究宗旨强调信息优化和现实规律。模糊数学着重研究“认知不确定”问题，其研究对象具有“内涵明确，外延不明确”的特点，其研究手段主要是凭经验借助于隶属函数进行处理，其研究宗旨强调先验信息和经验认知的表达规律。

灰色系统理论中的灰色关联度，是分析系统中各因素相关联程度的方法，利用关联度对模糊综合评价法进行改进，克服了使用最大隶属度原则时仅仅考虑最大隶属度丢失信息较多甚至会得出反常结论的缺点。

6.2 基本步骤

灰色理论应用最广泛的是关联度分析方法。关联度分析是分析系统中各元素之间关联程度或相似程度的方法，其基本思想是依据关联度对系统排序。下面介绍基于关联度分析的综合评价模型和步骤。

在客观世界中，有许多因素之间的关系是灰色的，分不清哪些因素之间关系密切，哪些因素之间关系不密切，这样就难以找到主要矛盾和主要特征。关联度是表征两个事物的关联程度。具体来说，关联度是因素之间关联性大小的量度，它定量地描述了因素之间相对变化的情况。

关联度分析是灰色系统分析、评价和决策的基础。灰色关联度分析是一种多因素统计分析方法，可用灰色关联度来描述因素间关系的强弱、大小和次序。

从思路上看，关联度分析属于几何处理的范畴。它是一种相对性的排序分析，基本思想是根据序列曲线几何形状的相似程度来判断其联系是否紧密，曲线越接近，相应序列之间的关联度就越大，反之就越少。

作为一个发展变化的系统，关联度分析事实上是动态过程发展态势的量化分析。说得确切一点，它是发展态势的量化比较分析。发展态势的比较，也就是历年来有关统计数据列几何关系的比较，实质上是几种曲线间几何形状的分析比较，即认为几何形状越接近，则发展变化态势越接近，关联程度越大。

这种因素分析的比较，实质上是几种曲线间几何形状的分析比较，而且对数据量也没有太高的要求，即数据或多或少都可以分析。但事实上，这种直观的几何形状的判断比较，是十分粗糙的，并且如果好几条曲线形状相差不大，或者在某些区间形状比较接近，就很难用直接观察的方法来判断各曲线间的关联程度。

在介绍基本步骤之前，要介绍几种衡量因素间关联程度大小的量化方法。

6.2.1 绝对关联度

进行关联分析先要制定参考的数据列（母因素时间数列），参考数据列常记为 x_0，一般表示如下：

$$x_0=\{x_0(1),x_0(2),\cdots,x_0(n)\} \tag{6-1}$$

关联分析中被比较数列（子因素时间数列）常记为 x_i，一般表示如下：

$$x_i=\{x_i(1),x_i(2),\cdots,x_i(n)\},\quad i=1,2,\cdots,m \tag{6-2}$$

对于一个参考数据列 x_0，比较数列为 x_i，可用下述关系表示各比较曲线与参考曲线在各点的差：

$$\xi_i(k)=\frac{\min\limits_i\min\limits_k|x_0(k)-x_i(k)|+\xi\max\limits_i\max\limits_k|x_0(k)-x_i(k)|}{|x_0(k)-x_i(k)|+\xi\max\limits_i\max\limits_k|x_0(k)-x_i(k)|} \tag{6-3}$$

式中，$\xi_i(k)$是第 k 个时刻比较曲线 x_i 与参考曲线 x_0 的相对差值，这种形式的相对差值称为 x_i 对 x_0 在 k 时刻的关联系数。ξ 为分辨系数，$\xi\in[0,1]$，引入它是为了减少极值对计算的影响。在实际使用时，应根据序列间的关联程度选择分辨系数，一般取 $\xi\leqslant 0.5$ 最为恰当。

若记：

$$\Delta\min=\min\min|x_0(k)-x_i(k)| \tag{6-4}$$

$$\Delta\max=\max\max|x_0(k)-x_i(k)| \tag{6-5}$$

则 $\Delta\min$ 与 $\Delta\max$ 分别为各时刻 x_0 与 x_i 的最小绝对差值与最大绝对差值，从而有

$$\xi(k)=\frac{\Delta\min+\zeta\Delta\max}{|x_0(k)-x_i(k)|+\zeta\Delta\max} \tag{6-6}$$

如果计算关联程度的数列量纲不同，要转化为无量纲。无量纲化的方法，常用的有初值化与均值化。初值化是指所有数据均用第一个数据除，然后得到一个新的数列，这个新的数列即是各不同时刻的值相对于第一个时刻的值的百分比。均值化处理就是用序列平均值除以所有数据，即得到一个占平均值百分比的数列。另外，还有我们经常使用的规范化处理方式。

关联系数只表示各时刻数据间的关联程度，由于关联系数的数很多，信息过于分散，不便于比较，为此有必要将各个时刻的关联系数集中为一个值，求平均值便是作为这种信息集中处理的一种方法。于是，绝对关联度的一般表达式如下：

$$r_i=\frac{1}{n}\sum_{i=1}^{n}\xi_i(k) \tag{6-7}$$

或者说 r_i 是曲线 x_i 对参考曲线 x_0 的绝对关联度。

6.2.2 速率关联度

绝对关联度是反映事物之间关联程度的一种指标，它能指示具有一定样本长度的给定因素之间的关联情况。但它也有明显的缺点，就是绝对关联度受数据中极大值和极小值的影响，一旦数据序列中出现某个极值，关联度就会发生变化。因此，绝对关联度有时不能真正反映数据列之间的关联程度。另外，计算绝对关联度时，需要对原始数据进行无量化处理，比较烦琐 。

速率关联度则是从另外一个角度来定义关联度的。它反映的是两个事物在发展过程中相对变化速率的关联程度。如果两个事物在发展过程中的相对变化速率一致，则认为两者有较好的关联；反之，如果两个事物在发展过程中的相对变化速率很不一致，两者关联程度就较差。

设有母函数 X，如果子函数 X_1 的相对变化速率$\frac{1}{X_1}\frac{\mathrm{d}X_1}{\mathrm{d}t}$在几何上比子函数 X_2 更接近于 X 的相对变化速率$\frac{1}{X_2}\frac{\mathrm{d}X_2}{\mathrm{d}t}$，那么 X_1 与 X 的关联度比 X_2 与 X 的关联度大。把原始数

据变换成$\frac{1}{X}\frac{\mathrm{d}X}{\mathrm{d}t}$,不仅消除了量纲,而且表示事物发展的特征,这是一个信息开发的过程,在计算时不用选参考点,也有利于编制计算程序。

这里给出速率关联系数如下:

$$\xi_i(k)=\frac{1}{1+\left|\frac{x_i(k+1)-x_i(k)}{x_i(k)\Delta t}-\frac{x_0(k+1)-x_0(k)}{x_0(k)\Delta t}\right|},\quad k=1,2,\cdots,n \tag{6-8}$$

很明显,当等间隔采样时,$\Delta t=t+1-t=1$

从而,我们给出速率关联度的公式定义如下:

$$r_i=\frac{1}{n-1}\sum_{i=1}^{n}\xi_i(k) \tag{6-9}$$

或者说r_i是曲线x_i对参考曲线x_0的速率关联度。

从上可知,速率关联度反映了每一时刻两事物相对变化速率的一致程度,速率关联度则反映了特定时间段内两事物相对变化速率一致程度的平均状况,它反映两事物在区间内相对发展速度一致程度的综合评判。

关联度分析的目的,就是在影响某参考数列x_0的诸因素x_i中找出主要因素,也就是按对x_0的关联程度大小对x_i进行排序。

若x_i与x_0,x_j与x_0的关联度分别为r_i,r_j,则:

(1) $r_i>r_j$时,称r_i优于r_j;

(2) $r_i<r_j$时,称r_i劣于r_j;

(3) $r_i=r_j$时,称r_i等于r_j;

(4) $r_i\geqslant r_j$时,称r_i不劣于r_j;

(5) $r_i\leqslant r_j$时,称r_i不优于r_j。

于是,我们就可以把影响母序列x_0的因素x_i按上述定义的优劣排队,即按各自对x_0的影响程度大小排序,从而完成我们的关联分析。

总体来说,灰色关联度分析是系统态势的量化比较分析,其实质就是比较若干数列所构成的曲线列与理想(标准)数列所构成的曲线几何形状的接近程度,几何形状越接近,其关联度越大。关联序则反映各评价对象对理想(标准)对象的接近次序,即评价对象的优劣次序,其中灰色关联度最大的评价对象为最佳。因此,利用灰色关联度可对评价对象的优劣进行分析比较。

对事物的综合评价,多数情况下是研究多对象的排序问题,即在各个评价对象之间排出优先顺序。

灰色综合评判主要是依据以下模型:

$$\boldsymbol{R}=\boldsymbol{E}\cdot\boldsymbol{W}$$

式中:

$\boldsymbol{R}=(r_1,r_2,\cdots,r_m)^{\mathrm{T}}$,为$m$个被评对象的综合评判结果向量;

$\boldsymbol{W}=(w_1,w_2,\cdots,w_n)^{\mathrm{T}}$,为$n$个评价指标的权重分配向量,其中

$$\sum_{j=1}^{n}w_j=1$$

$\boldsymbol{E}$ 为各指标的评判矩阵：

$$\boldsymbol{E}=\begin{bmatrix}\zeta_1(1) & \zeta_1(2) & \cdots & \zeta_1(n)\\ \zeta_2(1) & \zeta_2(2) & \cdots & \zeta_2(n)\\ \cdots & \cdots & \cdots & \cdots\\ \zeta_m(1) & \zeta_m(2) & \cdots & \zeta_m(n)\end{bmatrix}$$

$\xi_i(k)$为第 i 种方案的第 k 个指标与第 k 个最优指标的关联系数。

6.2.3 灰色系统理论综合评价法基本步骤

根据 R 的数值，可进行排序，所以灰色系统理论综合评价法的步骤如下：

1. 确定最优指标集序

设 $F^*=(j_1^*,j_2^*,\cdots,j_n^*)$，式中 $j_k^*(k=1,2,\cdots,n)$为第 k 个指标的最优值。此最优值可以是诸方案中最优值(若某一指标取大值为好，则取该指标在各个方案中的最大值；若取小值为好，则取各个方案中的最小值)，也可以是评估者公认的最优值。不过在定最优值时，既要考虑先进性，又要考虑可行性。若最优指标选的过高，则不现实，不能实现，评价的结果也就不可能正确。

选定最优指标集后，可构造矩阵 $\boldsymbol{D}$：

$$\boldsymbol{D}=\begin{bmatrix}j_1^* & j_2^* & \cdots & j_n^*\\ j_1^1 & j_2^1 & \cdots & j_n^1\\ \cdots & \cdots & \cdots & \cdots\\ j_1^m & j_2^m & \cdots & j_n^m\end{bmatrix} \tag{6-10}$$

式中，j_k^* 为第 i 个方案中第 k 个指标的原始数值。

2. 指标值的规范化处理

由于评判指标间通常有不同的量纲和数量级，故不能直接进行比较，为了保证结果的可靠性，因此需要对原始指标值进行规范化处理。

设第 k 个指标的变化区间为$[j_k^1,j_k^2]$，j_k^1 为第 k 个指标在所有方案中的最小值，j_k^2 为第 k 个指标在所有方案中的最大值，则可用下式将上式中原始数值变换成无量纲值 $C_k^i\in(0,1)$。

$$C_k^i=\frac{j_k^i-j_k^1}{j_k^2-j_k^i},\quad i=1,2,\cdots,m;\ k=1,2,\cdots,n \tag{6-11}$$

这样 $\boldsymbol{D}\rightarrow\boldsymbol{C}$ 矩阵

$$\boldsymbol{C}=\begin{bmatrix}C_1^* & C_2^* & \cdots & C_n^*\\ C_1^1 & C_2^1 & \cdots & C_n^1\\ \cdots & \cdots & \cdots & \cdots\\ C_1^m & C_2^m & \cdots & C_n^m\end{bmatrix} \tag{6-12}$$

3. 计算综合评判结果

根据灰色系统理论，将 $C_j^* = (C_1^*, C_2^*, \cdots, C_n^*)$ 作为参考数列，将

$$C_k^i = (C_1^i, C_2^i, \cdots, C_n^i) \tag{6-13}$$

作为被比较数列，则用关联分析法分别求得第 i 个方案第 k 个指标与第 k 个最优指标的关联系数 $\xi_i(k)$，即：

$$\xi_i(k) = \frac{\min\limits_i \min\limits_k |C_k^* - C_k^i| + \rho \max\limits_i \max\limits_k |C_k^* - C_k^i|}{|C_k^* - C_k^i| + \rho \max\limits_i \max\limits_k |C_k^* - C_k^i|} \tag{6-14}$$

式中，$\rho \in [0,1]$，一般取 $\rho = 0.5$。

由 $\xi_i(k)$，即得 $\boldsymbol{E}$，这样综合评判结果为：$\boldsymbol{R} = \boldsymbol{E} \cdot W$，即

$$r_i = \sum_{k=1}^{n} W(k) \xi_i(k) \tag{6-15}$$

若关联度 r_i 最大，则说明 C_j^i 与最优指标 C_j^* 最接近，亦即第 i 个方案优于其他方案，据此可以排出各方案的优劣次序。

灰色综合评判值反映的是一个对象相对于最优对象的关联度大小，关联度越大说明它越接近于最优，关联度越小说明它越差，而在这里的最优对象也是一个相对值。针对不同情况我们可以给出不同的最优对象，而模糊综合评判值反映的是一种量化的评语级别。这两个综合评判值不能按量值进行比较，只能比较它们的相对顺序，即反映业务部门的风险排序。两种方法相对顺序一致，说明两种方法具有一定的可比性。

将求得的关联度按大小顺序进行排列。关联度越大则表明参考序列与比较序列之间关系越密切，关联度越小则表明参考序列与比较序列之间关系越不密切。

6.3 实际应用案例

6.3.1 灰色系统理论综合评价法在陕西旅游业发展影响因素上的应用

1. 研究背景

社会、经济等系统具有明显的层次复杂性、结构关系的模糊性、动态变化的随机性、指标数据的不完全性和不确定性。旅游系统主要由三个部分组成，即目的地系统、客源地系统和旅游出行系统。出行系统是连接目的地系统和客源地系统的纽带。旅游交通可达性是利用特定交通系统从旅游客源地到达旅游目的地的便利程度，它是影响旅游客源市场与旅游目的地之间旅游要素流动的重要因素，也是制约区域旅游经济相互联系强度的空间指向，是对出行系统的量化，关系到旅游业的持续、健康和快速发展。旅游系统更是一个复杂巨系统，对这类复杂系统一种有效的研究手段就是从定性到定量的综合集成法。经典做法是用层次分析法，通过分层构建各因子权重矩阵，再累加，得到一个集成评估系数来反映评估对象水

平。因为影响旅游业发展的各因子与旅游业之间关系错综复杂，其内部各因子关系也是网状，不适合采用层次分析框架去评估旅游业与影响其发展各因子之间关联水平，而借鉴灰色关联分析方法，建立能全面反映各因子相互作用的关联分析模型，可定量评价旅游业发展影响因子。现运用灰色关联动态分析方法，对影响旅游业发展的主导因素进行判识，从而为确定旅游业发展重点方向提供科学依据。

2. 陕西旅游业发展指标体系构建

影响旅游业发展的指标选取原则：

(1) 科学性，即指标选取要符合科学规律，能较好地反映旅游业发展各影响因素之间的内在规律，体现研究的基本原则及目标实现程度；

(2) 可操作性，各指标的选取应当考虑实际情况、便于操作，应简单明了、综合程度高、数据来源准确，具有准确性和代表性；

(3) 连续性，数据应具有可追溯性，反映随着时间推移的一种趋势；

(4) 全面性，各指标的选取应当能较为全面地涵盖旅游业发展的各领域。

影响旅游业发展的因素有很多，在分析确定影响陕西省旅游业发展影响因素的指标时，通过对旅游发展的研究，结合数据和资料，并根据上述原则，将影响因素归纳为资源因素和经济因素两大方面。资源因素的二级指标又包括了基础旅游资源、资金资源、环境卫生资源、交通资源以及文化资源五个方面，这些基本涵盖了影响旅游业发展的主要因素。每个二级指标下具体划分出三级指标，如在基础旅游资源下的三级指标有星级饭店数、旅行社总数、旅游从业人数和国家 A 级以上旅游景区个数等；交通资源下有公路里程和旅客周转量等；而在经济方面所选取的三级指标为人均可支配收入和居民人均消费性支出，由于全国人均的收支状况能明显地反映在出游情况中，因此上述经济方面的三级指标均选择全国人均指标。这两个指标能很好地反映出目前国家的经济状态以及人们的消费水平，对地区的旅游收入有较为明显的影响。

考虑到旅游业的关联性、相对稳定性和持久性特征，其关联程度并不会因为选取年份的多少而发生太明显的变化，且考虑到 2008 年的金融危机对社会经济造成的影响，所以选用 2009—2017 年的数据，总体关联的特征并不会因为这个原因而发生明显变化。数据主要来自于 2009—2017 年的《陕西统计年鉴》《中国旅游统计年鉴》以及 EPS 全球统计数据分析平台的数据。

根据上述分析，选取 15 个三级指标作为分析影响陕西旅游业发展的因子，建立的指标体系如表 6-1 所示。

表 6-1 陕西省旅游业发展指标体系

评价内容	二级指标	三级指标	计量单位	指标序号
资源方面	基础旅游资源	国家 A 级以上旅游景区数	家	X_1
		旅游从业人数	人	X_2
		星级饭店数	家	X_3
		旅行社总数	家	X_4

续表

评价内容	二级指标	三级指标	计量单位	指标序号
资源方面	资金资源	股票市价总值	亿元	X_5
		金融机构各项存款余额	亿元	X_6
	环境卫生资源	城市绿地面积	万公顷	X_7
		医疗机构数	个	X_8
	交通资源	公路里程	万公里	X_9
		旅客周转量	亿人公里	X_{10}
	文化资源	博物馆机构数	个	X_{11}
		电视人口覆盖率	%	X_{12}
		举办展览次数	次	X_{13}
		人均可支配收入	元	X_{14}
		居民人均消费性支出	元	X_{15}

3. 陕西旅游业发展的灰色关联分析

利用灰色关联分析法对影响旅游业发展的因素进行剖析，将陕西省旅游总收入作为参考序列，来探求旅游收入各因素的影响大小，具体步骤如下：

(1) 确定比较序列与参考序列：

由于研究各因素对旅游收入的影响，因此将 2009—2017 年的旅游收入作为参考序列：

$$X_0=\{X_0(k)\mid k=1,2,\cdots,9\} \tag{6-16}$$

其余的影响因素就作为比较序列，由于有 15 个评价对象，9 个评价指标，因此设 $m=15$，$n=9$：

$$X_i=X_i(k),\quad i=1,2,\cdots,m;\ k=1,2,\cdots,n \tag{6-17}$$

其中，$X_i(k)$是第 k 个指标的参考序列，i 表示影响因素，k 表示不同的时间。

由于涉及多个指标，而指标数据间存在度量单位或数据间的数量级差异，为避免对评价结果产生影响，就需要使用标准化的方式对数据进行无量纲化处理。标准化公式如下：

$$X_i(k)=\frac{x_i(k)-\min x_i(k)}{\max x_i(k)-\min x_i(k)} \tag{6-18}$$

(2) 求解灰色关联系数值 $\xi_i(k)$：

$$\xi_i(k)=\frac{\min\limits_i\min\limits_k|X_0(k)-X_i(k)|+\rho\max\limits_i\max\limits_k|X_0(k)-X_i(k)|}{|X_0(k)-X_i(k)|+\rho\max\limits_i\max\limits_k|X_0(k)-X_i(k)|} \tag{6-19}$$

其中，$\xi_i(k)$为第 i 个对象的第 k 个指标与参考序列中第 k 个指标的关联系数；式中，ρ 为分辨系数，区间通常为(0,1)，选取 $\rho=0.5$，得到 15×9 的关联矩阵：

$$\begin{pmatrix}\xi_1(1) & \cdots & \xi_1(9)\\ \vdots & \ddots & \vdots\\ \xi_{15}(1) & \cdots & \xi_{15}(9)\end{pmatrix}$$

(3) 计算关联度并对各评价对象排序：

$$r_i=\frac{1}{n}\sum_{i=1}^{n}\xi_i(k) \tag{6-20}$$

根据关联度值，关联度值 r_i 越大，表明比较序列 $X_i(k)$与参考序列 $X_0(k)$的变化趋势越一致，表明该因素对旅游收入的影响越大，进而对评价对象进行排序。具体操作通过MATLAB软件完成。

通过上述操作，最终得到影响因素关联度数值，如表6-2所示。

表6-2 旅游业发展影响因素的关联度

因素	关联度
国家A级以上旅游景区数	0.94
旅游从业人数	0.94
星级饭店数	0.36
旅行社总数	0.94
股票市价总值	0.77
金融机构各项存款余额	0.65
城市绿地面积	0.94
医疗机构数	0.47
公路里程	0.95
旅客周转量	0.70
博物馆机构数	0.94
电视人口覆盖率	0.94
举办展览次数	0.92
人均可支配收入	0.95
居民人均消费性支出	0.96

对影响因素的关联度计算结果，首先进行排序，结果得：

$$X_{15} > X_{14} = X_9 > X_1 = X_2 = X_4 = X_7 = X_{11} = X_{12} > X_{13} > X_5 > X_{10} > X_6 > X_8 > X_3$$

由结果可以看出灰色关联系数绝大部分均大于0.5，表明上述因子对旅游业收入的关联度都很高，对旅游业发展的影响程度较强。但各因素对旅游收入的影响差异明显：

(1) 经济方面的两个指标(人均可支配收入与居民人均消费性支出)的关联度最高，分别为0.96和0.95。可见旅游收入的高低首先取决于人们的收入与支出情况。只有人们的可支配收入满足物质需求之后才会考虑更高的精神需求。

(2) 公路里程的关联度排名第二，为0.95。这样的高关联度向人们表明了21世纪旅游发展的新趋势——自驾车旅游成为出游主流，因此政府对于高速公路的建设需要重点关注。

(3) 国家A级以上旅游景区数、旅行社总数、城市绿地面积和旅游从业人数的关联度均为0.94。可见出游行为的硬设施——旅行社数目以及旅游目的地的整体环境与服务对促进旅游业发展起着不可替代的作用。国内游客更倾向于跟团旅游，因此旅行社在产品整合和销售方面发挥关键作用，旅行社推出的经济型、标准型和豪华型旅行产品对我国城镇居民具有强吸引力，成为我国居民出游的主要选择形式。

(4) 博物馆机构数的关联度为0.91。值得注意的是，星级饭店数的关联度为0.36。这样的结果表明人们对于星级饭店的追求度在下降，现在的游客更倾向于选择民宿、主题小屋等有特色的住宿。而博物馆机构数的高关联度则表明新时期人们更热衷于历史文化旅游。

(5) 旅客周转量的关联度为0.70。该指标是反映一定时期内旅客运输工作总量的指标，因此表明城市的游客接待能力也是影响旅游收入的重要因素。

(6) 股票市价总值、金融机构各项存款余额和医疗机构数的关联度与上述因子的差别较大,分别为 0.77、0.65、0.47。

4. 结论与建议

陕西需要进一步加快旅游业的发展,如何把握时机、利用好资源优势和产业基础,对此提出以下几点建议。

(1) 降低景区门票价格,提高服务质量。陕西旅游资源非常丰富,坐拥自然与文化历史资源,然而旅游收入却并不尽如人意,旅游收入排名在全国逐年降低。这与旅游景区门票价格偏高,捆绑服务较多,景区管理混乱,从业人员素质偏低有关。因此,陕西需要合理制定景区票价,加强景区的规范化管理,多方采纳游客建议,取消不必要的额外消费,降低景区内物品价格。从上文分析来看,旅游从业人数对旅游业发展影响较小,表明从业人员应当向高素质发展。政府需加强对旅游业的宏观调控能力与管理部门的监管,定期为旅游从业人员进行培训,提高人员整体素质,规范景区解说系统、丰富解说信息,尤其是陕西历史博物馆作为国家级博物馆,每天会吸引大批游客前来参观,但其服务质量较为低下。游客进场排队时间过长、未提供纸质版游览详解、人工志愿讲解安排不到位等问题都亟待解决。博物馆方需从文学角度对景区导游词进行再提炼和再加工,科学规划展区空间、增强展品摆放的美感和艺术性等,提高服务质量。

(2) 强"优势",补"短板",打造独具特色的旅游品牌。我国申报成功的丝绸之路世界文化遗产点一共有 22 处,陕西拥有 7 处,成为丝绸之路世界文化遗产点最多的地区。而陕西文化旅游商品结构层次以低端产品为主,同质化严重,而高品位和个性化的精品项目较为缺乏。因此,应发挥陕西资源优势,在保持自己独有特色的基础上大力开发新型旅游模式。加快以西安为起点的丝绸之路风情体验、旅游走廊等文化旅游产品建设,打造独具特色的丝绸之路旅游线路和项目,加大度假圈产品的开发建设,补齐生态旅游景区短板,增加景区、温泉小镇、乡村旅游等丰富的旅游产品体系,满足国际、国内市场不同的需求。

(3) 加快旅游基础交通设施建设。由上文分析结果可知,公路里程是重要影响因素,因此政府应加强交通建设。积极维护高速公路,完善交通标识,并加强陕西区域内部旅游交通运输体系建设,统筹考虑区域旅游发展需要,加快地铁建设以及市市通高铁、县县通高速的建设进程,提高所有旅游区的通达性和舒适度。此外,可专门设计面向高铁、高速公路、航空游客对接的旅游线路,以热点旅游区为核心,科学布局交通梯度旅游节点。旅游景区的可进入性必须向高端方向发展,应设置完善的自驾旅游接待流程以及旅游交通线路的建设,提高景区的接待能力。

(4) 加强区域合作,推动旅游业均衡发展。陕西是古丝绸之路的起点,在"一带一路"背景下,经济取得了良好发展。陕西位于中部和西部的中间位置,中西部间山水相连,文脉相通,陕西应当抓住这一契机,借此天然优势扩大与周边省域的旅游合作,签署合作协议,加强与周边地区尤其是西部地区的合作,带动西部地区经济发展。同时,加强省域间的旅游推介和客源互动交流,共同促进中西部旅游发展,实现丝路旅游的繁荣昌盛。推动陕西文化和旅游在更广范围、更深层次、更高水平上实现融合发展,彰显其独特魅力。

6.3.2 灰色系统理论综合评价法在中部六省会城市生态宜居度评价中的应用

1. 研究背景

生态宜居度是近年来城市规划的热点话题,关于生态宜居度的影响因素有很多,建立恰当的指标体系是国家层面和学术领域的重大课题。我国现行的生态宜居城市着重从宏观视角分析各大城市的宜居指数,数据来源主要依靠国家统计局和各省统计局,关注行业在城市发展中的重要作用,从多个维度评价城市宜居度。对宜居社区中与居民切身利益关系密切的因素,如公共活动空间、邻里空间和交流空间等采取问卷调查、电话访谈等方式进行数据的收集整理,关注居民参与城市的发展决策能力。生态宜居度的研究不仅是指标体系的搭建和数据收集,更重要的是能从已经成型的数据中分析出什么结果。现有的评价分析方法包括:定性分析法、单项指标分析比较法、多目标分析法、模糊综合评判法等。但多数方法都不能反映生态宜居度的综合情况,计算也比较烦琐。灰色关联度综合评价法能克服上述方法的不足,能把相互间互补的、不可比的各项指标变成可比的,尤其是对多指标系统的评价更为有效。

2. 生态宜居度及评价指标体系

宜居城市的提出源于人类居住环境的理论与实践。宜居城市概念可以理解为人对所处环境的满意程度,宜居城市的主体是人,落脚点是人在城市生活的感受。20 世纪中期以来,我国各大城市的发展重心还是求高速发展,主抓经济,以提高人民物质生活为前提。进入 21 世纪,我国一些城市已经有了相对完善的发展规划体系,人民物质生活也得到了保障,人民已经不再单纯追求物质生活,更考虑精神世界的满足,打造宜居城市就成为 21 世纪城市发展的主要方向。2015 年中央城市工作会议提出建设和谐宜居、富有活力、各具特色的现代化城市,统筹生产、生活、生态三大布局,提高城市发展的宜居性。新时期城市宜居性将成为越来越重要的竞争力因素,城市人居环境作为人居环境科学研究的重要方面,已引起国内外学者的关注。探索城市宜居性的影响因素、开展宜居城市评价,对于推进宜居城市建设实践、改善城市人居环境品质、提升人民生活满意度与幸福感具有重要作用。在分析宜居内涵并对国内外城市宜居环境评价指标分析基础上,构建宏观层面的宜居评价指标体系,可在丰富城市宜居评价工作方面提供相关借鉴。

生态宜居度是目前我国政府和人民密切关注的话题。国内生态宜居指标体系偏重客观性的研究,重视生态环境保护、生活舒适度、城市经济发展的重要性。社会文明、经济富裕是宜居城市的前提和基础。生态环境恶化是当前我国城市发展中的突出问题,环境优美是城市是否宜居的决定性因素之一,城市资源量决定一个城市的自然承载能力,是城市形成、发展的必要条件。资源丰富,有利于提高公众的生活质量,其中水资源是决定是否宜居的重要关注点。生活方便、适宜是宜居城市最重要、最核心的影响因素,宜居城市应该为生活各方面的内容提供各种高质量的服务并且使得这些服务能被广大的市民方便地享受。根据生态宜居城市内涵,通过经济富裕度、环境优美度、安全保障度及生活便利度四个维度寻找指标,构建生态宜居度评价指标体系。

3. 实证分析

参考国家生态宜居城市指标评价体系,选出以下 9 个指标:城镇居民人均可支配收入、GDP 增长率、已建成城市轨道交通线路长度(公里)、公园免费比例、每万人拥有公厕(座)、人口密度(人/平方公里)、建成区绿化覆盖率、城市水资源重复利用率、城市道路路灯覆盖率。所取指标仅为部分代表性指标,只考虑了宏观角度的影响因素。数据来源于《2018 年中国城乡建设部统计年鉴》和《2018 年中国统计年鉴》。

对不同影响因素而言，有的指标以最大为好，有的指标则以最小为好，人口密度通常取待比较对象的均值作为最佳值，一个地区人口密度太大或者太小都会影响生活质量，影响居民心理安全感指数，降低生态宜居度。城市水资源重复利用率最理想状态是 100%，实现水资源完全的重复利用，即将最佳值定为 100，以最佳值为基础，便可构造理想对象的指标值。

表 6-3　评价指标值及理想对象最佳值原始数据

指标	郑州	武汉	长沙	合肥	南昌	太原	理想对象
城镇居民人均可支配收入	36 050	43 405	46 948	37 972	37 675	31 469	46 948
GDP 增长率(%)	8.1	8	8.5	8.5	8.9	9.2	9.2
已建成城市轨道交通线路长度(公里)	102.7	283.67	68.71	52.34	7.9	0	283.67
公园免费比例	97.2	97.4	84.38	100	85.88	92.83	100
每万人拥有公厕(座)	987	1 202	557	208	139	700	1 202
人口密度(人/平方公里)	11 140	5 981	4 434	3 514	7 731	3 710	6 085
建成区绿化覆盖率(%)	40.4	39.55	41.5	43.07	43.94	43.43	43.94
城市水资源重复利用率(%)	92.03	83.23	65.38	91.49	40.01	92.11	92.11
城市道路路灯覆盖率(%)	92.96	99.1	248.4	146.56	98.42	93.79	248.4

如表 6-3 所示，参考数列为

$$x_0=\{46\ 948,9.2,283.67,100,1\ 202,6\ 085,43.94,92.11,248.4\}$$

比较数列为：

$$x_1=\{36\ 050,8.1,102.7,97.2,987,11\ 140,40.4,92.03,92.96\}$$

$$x_2=\{43\ 405,8.2,83.67,97.4,1\ 202,5\ 981,39.55,83.23,99.1\}$$

$$x_3=\{46\ 948,8.5,68.71,84.38,557,4\ 434,41.5,65.38,248.4\}$$

$$x_4=\{37\ 972,8.5,52.34,100,208,3\ 514,43.07,91.49,146.56\}$$

$$x_5=\{37\ 675,8.9,7.9,85.88,139,7\ 731,43.94,40.01,98.42\}$$

$$x_6=\{31\ 469,9.2,0,92.83,700,3\ 710,43.43,92.11,93.79\}$$

对原始数据进行无量纲化处理，用初值化方法，将所有数据均用理想对象相应指标值除，然后得到一个新的数列，这个新的数列便是各不同评价对象值相对于理想对象的相应指标值的百分比，为方便计算，结果保留小数点后 3 位(见表 6-4)。

表 6-4　原始数据标准化后数据

标准化指标	郑州	武汉	长沙	合肥	南昌	太原	理想对象
城镇居民人均可支配收入	0.768	0.925	1.000	0.809	0.802	0.670	1.000
GDP 增长率(%)	0.880	0.870	0.924	0.924	0.967	1.000	1.000

续表

标准化指标	郑州	武汉	长沙	合肥	南昌	太原	理想对象
已建成城市轨道交通线路长度(公里)	0.362	1.000	0.242	0.185	0.028	0.000	1.000
公园免费比例	0.972	0.974	0.844	1.000	0.859	0.928	1.000
每万人拥有公厕(座)	0.821	1.000	0.463	0.173	0.116	0.582	1.000
人口密度(人/平方公里)	1.831	0.983	0.729	0.577	1.271	0.610	1.000
建成区绿化覆盖率(%)	0.919	0.900	0.944	0.980	1.000	0.988	1.000
城市水资源重复利用率(%)	0.999	0.904	0.710	0.993	0.434	1.000	1.000
城市道路路灯覆盖率(%)	0.374	0.399	1.000	0.590	0.396	0.378	1.000

参考《宜居城市评价标准》,确定各级指标权重为

$$W_j=(W_1,W_2,W_3,W_4,W_5,W_6,W_7,W_8,W_9)$$
$$=(0.11,0.12,0.12,0.11,0.11,0.11,0.11,0.11,0.10)$$

计算灰色关联系数(见表 6-5):

表 6-5 灰色关联系数

$\eta_1(k)$	$\eta_2(k)$	$\eta_3(k)$	$\eta_4(k)$	$\eta_5(k)$	$\eta_6(k)$
0.683	0.870	1.000	0.724	0.716	0.602
0.806	0.794	0.868	0.868	0.938	1.000
0.439	1.000	0.397	0.380	0.340	0.333
0.947	0.951	0.762	1.000	0.780	0.874
0.736	1.000	0.482	0.377	0.361	0.545
0.376	0.967	0.649	0.542	0.649	0.562
0.861	0.833	0.899	0.962	1.000	0.977
0.998	0.839	0.633	0.986	0.469	1.000
0.444	0.454	1.000	0.549	0.453	0.446

计算灰色加权关联度:

$$r_1=\sum_{k=1}^{n}\eta_1(k)W_1=0.69991$$

$r_2=0.86128$, $r_3=0.73855$, $r_4=0.70967$, $r_5=0.63591$, $r_6=0.70616$

评价分析:

根据以上关联度可建立关联序如下:

$$r_2>r_3>r_4>r_6>r_1>r_5$$

根据关联度排序结果,可见武汉相比其他城市更适宜居住。

4. 结论与不足

用灰色关联度分析法评价生态宜居度是一种行之有效且简单易行的方法。基于灰色关联分析的方法,对中部六省会城市的生态宜居度进行了分析与评价,能够客观真实地测评城市生态宜居度。生态宜居度的评价是考虑多指标因素的联合作用效应,单项指标达到理想状态并不能保证一定在综合评价环节中占据优势地位,这也表明在打造生态宜居城市规划中,要考虑多方因素,力求多领域的最优状态。

灰色关联度只能对评价对象的优劣进行鉴别,并不能反映某个城市生态宜居度的绝对水平。应尽可能全面地找到能代表生态宜居度水平的指标体系,用较为客观合理的方法进

行评价研究。

6.3.3 灰色系统理论综合评价法在陕西省交通运输与经济协调发展中的应用

1. 研究背景

改革开放以来，我国的经济建设实现了跨越式发展，然而2018年全球人均GDP高达79 986元人民币，我国人均GDP仅为64 644元人民币，距离全球的平均值仍有一定差距，要达到世界平均水平仍然要有足够的经济增长。交通运输这一在社会经济发展中占据先导性地位的行业，不仅拥有国家政策的扶持，更伴随着物力、人力、财力相助，基础设施建设逐步完善，阶段性成效显著。但不得不承认的是交通运输的发展仍然不能很好地满足人们的需要，仍然是制约社会经济进一步发展的重要一环。

党的十九大以来，陕西紧扣陆空内外联动、东西双向互济的发展目标，集中力量发展“三个经济”。2018年，陕西GDP达到24 400亿元，相比2017年增长了1 870亿元。对外贸易额比上年增加了近三成。为了将陕西连接东西、贯通南北的地理优势彻底转化为促进社会经济发展的强大动力，陕西正在为构建“航空带动、陆空互动、多式联运”的交通体系而努力。在此背景下，研究陕西交通运输与经济发展的协调关系非常必要。

在交通运输和经济发展的关系问题上，目前已有的研究主要是将交通运输当作经济发展的一个方面来分析交通运输经济的发展现状，讨论交通运输和经济发展的相关关系，或者单方面考虑前者对后者的影响。学者们基于各自的学术背景，对这两者进行了较为丰富的理论与实证研究，但尚缺乏从交通运输与经济发展水平总体提升的情况下，两者协调程度的动态演进过程分析，也缺乏两者相互促进、协调发展的内在规律。基于此，从交通运输与经济发展综合评价出发，落脚于协调发展度，研究其动态关系。在厘清交通运输和经济发展的本质特征后，分别构建交通运输与经济发展综合评价指标体系，探讨2004—2017年陕西省交通运输与经济发展的协调发展程度。

2. 交通运输与经济协调发展的测评体系构建

(1) 协调发展度测评模型。协调发展强调某一系统(系统内某要素)发展的同时，要兼顾与其他系统(系统其他要素)之间配合得当，和谐一致。协调发展不是单个系统(系统内某要素)的发展，而是整体性、综合性、内生性的多元发展与聚合。可参考环境与经济协调发展的测度方法，构建交通运输与经济协调发展的测度模型。

协调度C：协调度，即是度量系统或要素之间协调状况好坏程度的定量指标。根据实际需要，可度量同一区域不同发展阶段的交通运输与经济协调发展之间的协调程度，即纵向发展协调度；也可度量同一时期不同区域间的协调状态，即横向对比协调度。交通运输与经济发展协调度的计算公式如下：

$$C=\left\{\frac{f(x)\times g(y)}{\left(\frac{f(x)+g(y)}{2}\right)^2}\right\}^k \tag{6-21}$$

其中，设$x_1,x_2,\cdots,x_m$为刻画交通运输的m个指标；$y_1,y_2,\cdots,y_n$为刻画经济发展水平的n个指标；其中k为调节系数，一般情况下$k\geqslant2$；协调度C的值在0～1之间，值越大两

者之间越协调,值越小则代表越不协调; $f(x)$,$g(y)$分别为交通运输、经济发展的综合测评函数,表示如下:

$$f(x)=\sum_{i=1}^{n}a_i x_i, g(y)=\sum_{j=1}^{m}b_j y_j \tag{6-22}$$

协调发展系数 D: 协调度 C 主要刻画交通运输和经济发展之间的协调程度,然而如果出现交通运输与经济发展都处在较低水平的情形时,两者之间也是协调的,此时协调度 C 会表现为一个接近 1 的值,即对于交通运输与经济发展,可能出现两者发展水平都高的区域与两者发展水平都相对较低的区域协调度相同的情况,这就说明协调度 C 不能有效表达与体现交通运输与经济发展的综合效能或发展水平。为此,根据协调发展的内涵,对协调度 C 的不完善之处进行改进,引入更优的协调发展系数 D,用 D 表示度量交通运输与经济协调发展水平高低的定量指标。

$$T=\alpha f(x)+\beta g(y) \tag{6-23}$$

$$D=\sqrt{C \cdot T} \tag{6-24}$$

其中,D 为协调发展系数; C 为协调度; T 为交通运输和经济发展水平的综合测度指数; α,β 为待定权数。由于交通运输和经济发展同样都很重要,故 α,β 的取值分别为 0.5,0.5。$T\in(0,1)$,这样可保证 $D\in(0,1)$,以便使用。

标准化: 利用极差值法对 x,y 进行无量纲化处理,处理后的数据记为 x',y',极差值法的公式如下:

$$x'=\frac{x-x_{\min}}{x_{\max}-x_{\min}},\quad y'=\frac{y-y_{\min}}{y_{\max}-y_{\min}} \tag{6-25}$$

确定权重: 采用层次分析法确定权重。

(2) 指标体系的建立,如表 6-6 所示。

表 6-6 交通运输与经济发展指标体系

一级指标	二级指标	三级指标
交通运输指标体系	投入	邮路总长度(公里)
		运输业从业人员数(人)
		交通运输、仓储和邮政业全社会固定资产投资(亿元)
	产出	货运周转量(亿吨公里)
		旅客周转量(亿人公里)
		交通运输、仓储和邮政业增加值(亿元)
经济发展指标体系	人均经济指标	人均 GDP(元/人)
	经济结构变化	第三产业贡献率
		规模以上工业企业 R&D 经费(万元)
	经济增长效率	地方财政一般预算性收入(亿元)
		成本费用利用率

交通运输指标中体现了两个关键性特征: 首先,以往的指标体系往往以各类运输方式的里程作为投入变量,而忽视了资本等产出要素,将交通运输指标分为投入、产出两个二级指标; 其次,分别从公路、铁路、航空三个方面综合考察货运、客运两个层次的交通运输,具体选取的指标如表 6-6 所示。

经济发展包含经济增长数量的提升与经济发展质量的改善。根据库兹涅茨的经济增长理论,经济发展主要体现为三点：一是人均经济指标变化；二是经济结构变化；三是经济增长效率变化。

经济发展指标体系具体设计时,考虑到经济发展实际与指标数据的可获得性,参照库兹涅茨经济增长理论,选择表6-6的指标来考察经济发展水平。

3. 陕西交通运输与经济协调发展的综合评价

有关交通运输与经济协调发展程度的评价,是按照以上设定的协调发展度测评模型为总体框架。

(1) 对各年度指标值进行标准化处理。

(2) 运用层次分析法确定各指标权重,具体操作如下：

第一步,分别对交通运输的6个指标构建指标对比矩阵 $\boldsymbol{A}_{6\times 6}$,其中：

$$\boldsymbol{A}_{6\times6}=\begin{bmatrix} a_{11} & a_{12} & a_{13} & a_{14} & a_{15} & a_{16} \\ a_{21} & a_{22} & a_{23} & a_{24} & a_{25} & a_{26} \\ a_{31} & a_{32} & a_{33} & a_{34} & a_{35} & a_{36} \\ a_{41} & a_{42} & a_{43} & a_{44} & a_{45} & a_{46} \\ a_{51} & a_{52} & a_{53} & a_{54} & a_{55} & a_{56} \\ a_{61} & a_{62} & a_{63} & a_{64} & a_{65} & a_{66} \end{bmatrix}=\begin{bmatrix} 1 & 1/6 & 5 & 1/2 & 1/2 & 1/7 \\ 6 & 1 & 8 & 3 & 3 & 1/3 \\ 1/5 & 1/8 & 1 & 1/3 & 1/3 & 1/9 \\ 2 & 1/3 & 3 & 1 & 1 & 1/4 \\ 2 & 1/3 & 3 & 1 & 1 & 1/4 \\ 7 & 3 & 9 & 4 & 4 & 1 \end{bmatrix} \tag{6-26}$$

其中,a_{ij} 是用来衡量第 i 个与第 j 个评价指标相比的重要程度,采用1—9分制,分数递增重要性增加。特别地,当 $a_{13}=5$ 时,$a_{31}=\dfrac{1}{5}$,代表指标1[邮路总长度(公里)]比指标3[交通运输、仓储和邮政业全社会固定资产投资(亿元)]重要。

第二步,对矩阵列求和,每列进行归一化处理得到一个新的矩阵 $\boldsymbol{A}^*$,其中：

$$a_g^*=\frac{a_{ij}}{\sum_{i=1}^{i}a_{ij}} \tag{6-27}$$

第三步,对 $\boldsymbol{A}^*$ 的每一行求和,即得到特征向量；

第四步,对特征向量进行归一化处理,得到每个指标的权重 ω_i,如表6-7所示；

第五步,进行矩阵一致性检验。首先,计算矩阵的最大特征值 λ,

$$\lambda_{\max}=\sum_{i=1}^{m}\frac{(\boldsymbol{AW})_i}{mW_i}=6.299\,6 \tag{6-28}$$

这个公式的含义为 $\boldsymbol{A}$ 与 $\boldsymbol{W}$ 两个矩阵相乘的结果是一个列向量,用列向量中的每一个元素除以阶数与相应的权重的乘积。

计算判断矩阵的一致性指标CI

$$\mathrm{CI}=\frac{\lambda-n}{n-1}=0.059\,9 \tag{6-29}$$

最后计算随机一致性比率CR

$$\mathrm{CR}=\frac{\mathrm{CI}}{\mathrm{RI}}=0.048\,3 \tag{6-30}$$

其中，RI是平均随机一致性指标，这是一个常量，当$n=6$时，RI=1.24；

计算得CR<0.1，就表示对比矩阵是保持一致性的。权重通过一致性检验，指标权重的效度是可靠的。

表6-7 指标权重

指标体系	指标	权重
交通运输指标体系	邮路总长度(公里)	0.0719
	运输业从业人员数(人)	0.2628
	交通运输、仓储和邮政业全社会固定资产投资(亿元)	0.0320
	货运周转量(亿吨公里)	0.1006
	旅客周转量(亿人公里)	0.1006
	交通运输、仓储和邮政业增加值(亿元)	0.4321
经济发展指标体系	人均GDP(元/人)	0.5061
	第三产业贡献率	0.2277
	规模以上工业企业R&D经费(万元)	0.0584
	地方财政一般预算性收入(亿元)	0.1719
	成本费用利用率	0.0360

采用上述的协调测度模型，在分别进行交通运输与经济发展水平测度的基础上，对陕西省2004—2017年交通运输与经济协调发展程度进行评价，最后根据评价结论，总结陕西省交通运输与经济协调发展程度动态演进的驱动因素。

(3) 陕西交通运输与经济协调发展的综合评价。参照表6-8所列协调等级与类型，计算出陕西2004—2017年交通运输与经济协调发展程度及有关指标(见表6-9)。

表6-8 协调等级与类型

协调发展系数	协调等级与类型	协调发展系数	协调等级与类型	协调发展系数	协调等级与类型
0.90—1.00	优质协调发展类	0.60—0.69	初级协调发展类	0.30—0.39	轻度失调衰退类
0.80—0.89	良好协调发展类	0.50—0.59	勉强协调发展类	0.20—0.29	中度失调衰退类
0.70—0.79	中级协调发展类	0.40—0.49	濒临失调衰退类	0.10—0.19	严重失调衰退类

① 对陕西交通运输的评价。综合来看，随着时间的推移，陕西交通运输呈上升的态势，建设成效明显，评价结果基本上反映了陕西在交通运输方面的主要问题与建设状态。目前，陕西交通高效、稳步发展。陆海空等设施建设全面升级，具有承东启西、连接南北的重要战略地位。

② 对陕西经济发展水平的评价。陕西经济发展水平呈现波动提升的态势。人均GDP、地方财政一般预算性收入、第三产业贡献率、规模以上工业企业R&D经费等经济指标随着时间的推移有了很大的增长，但是众多指标数据均明显低于全国同期平均水平，因此可以认为，在陕西经济中，第三产业贡献率低，且科技投入较少，企业成本费用利用率低，产业升级与经济结构转变有待推进，仍处在经济总量快速提升的粗放式发展阶段，且具有很大的上升空间。如图6-1所示，2009年、2010年、2014年是陕西经济发展水平变化的转折点，2008年出现全球经济危机，2009年陕西经济经历了最为艰难的一年，呈下降趋势，2010年经济发展回升，2013年习近平总书记提出“一带一路”倡议，陕西作为“一带一路”枢纽，深居

内陆却联通世界，2014 年陕西的经济发展水平取得较大的提升。

表 6-9　陕西交通运输与经济协调发展类型

年份	交通运输	区域经济发展	协调发展系数	协调发展状态
2004	0.016 2	0.019 1	0.131 9	严重失调交通运输滞后
2005	0.044 6	0.084 3	0.229 7	中度失调交通运输滞后
2006	0.053 9	0.128 3	0.251 6	中度失调交通运输滞后
2007	0.076 7	0.144 1	0.301 3	轻度失调交通运输滞后
2008	0.107 9	0.144 7	0.347 8	轻度失调交通运输滞后
2009	0.129 8	0.196 1	0.387 0	轻度失调交通运输滞后
2010	0.180 8	0.165 6	0.415 4	濒临失调经济发展滞后
2011	0.252 9	0.214 5	0.480 2	濒临失调经济发展滞后
2012	0.260 0	0.227 2	0.491 3	濒临失调经济发展滞后
2013	0.322 9	0.246 5	0.524 0	勉强协调经济发展滞后
2014	0.388 7	0.261 9	0.548 7	勉强协调经济发展滞后
2015	0.446 9	0.373 3	0.635 2	初级协调经济发展滞后
2016	0.466 6	0.376 5	0.641 9	初级协调经济发展滞后
2017	0.480 7	0.410 4	0.6633	初级协调经济发展滞后

③ 陕西交通运输与经济发展的协调性评价。由表 6-9 可知，陕西交通运输与经济协调发展程度随着交通运输与经济发展水平的推进，两者之间的协调度由严重失调发展上升至初级协调发展状态，且呈现进一步良好发展的态势。如图 6-1 所示，不同年份的交通运输并没有与经济发展表现为完全同步增长的特征，具体来看，2009—2010 年两者关系表现为负相关关系，其他阶段则表现出了较高的一致性。

2004—2009 年陕西交通运输一直处于上升状态，取得了显著的成绩，但交通运输发展水平依旧相对滞后，与此同时，伴随着经济的波动增长，经济增长促进交通运输发展，基于陕西的交通枢纽地位，在 2010—2017 年，陕西交通运输相较于经济发展水平一直处于领先地位。相对来说，陕西的经济发展模式，在这一时期由之前的先发展后治理的路径转变为边发展边治理的发展模式。经济与交通运输两者关系由严重失调、交通发展滞后转变为初级协调发展、经济发展滞后。

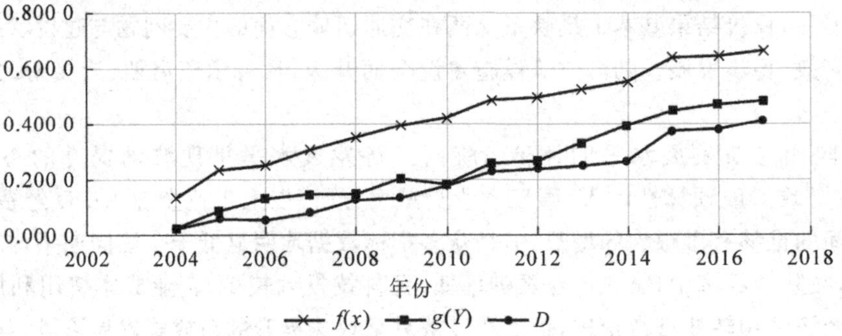

图 6-1　陕西 2002—2018 年交通运输与经济协调发展

思考与习题

1. 简述灰色系统理论的基本原理。

2. 简述灰色系统理论的基本步骤。

3. 灰色系统理论是如何改进模糊综合评判法的？

4. 在激烈的市场竞争中，竞争力是企业战胜对手的根本武器，是企业生存和发展的唯一基础，任何企业都必须重视自身竞争力的培养。然而，企业要培养竞争力，首要的一点就是必须先识别自身的竞争地位。因为只有在识别了自身的竞争地位后，才能知道自己与竞争对手的差距，进而探索提高企业市场竞争力的途径。因此，准确地评价企业的竞争力显得尤为重要。企业竞争力评价系统是一个灰色系统。首先，因为影响企业竞争力的因素太多而且十分复杂，人们在评价时，只能选取有限的主要指标来进行分析。其次，所选取的评价指标的数据，有些是已知的——可以从现有的统计资料中获得，有些指标的数据却是未知的——无法从统计资料中获得。因此，该系统具有信息不完全，或者"灰色"的特征。请运用灰色系统理论评价企业的竞争力。

5. 根据评价指标对企业的经济效益进行评价，常见的方法有综合指数法、功效系数法、模糊综合评价法等，但这些方法的应用通常都要涉及权重的确定，往往带有较为浓厚的人为主观色彩，影响了评价的客观性。请运用灰色关联分析对企业经济效益进行评价。

6. 随着中国加入 WTO 和全球经济一体化发展，市场竞争日趋激烈，企业越来越认识到争取市场、赢得并留住顾客的重要性，不断提高顾客满意度已成为企业之间竞争的焦点。因此，科学、合理地测量和评价顾客满意度，正确认识自身的市场地位，必然是企业决策者最关心、重视的课题之一。企业顾客满意度是顾客对企业的产品和服务满意程度的综合反映，它受多种因素的影响，且各因素之间的联系难以精确定量和不完全确知，仅仅依靠定性方法和一般的数学评价方法，很难进行合理、准确判断。请用灰色系统理论评价企业顾客满意度。

【在线测试题】 扫描书背面的二维码，获取答题权限

扫描此码　在线自测

参考文献

[1] 苏为华.多指标综合评价理论与方法研究[M].北京：中国物价出版社，2001.

[2] 秦寿康.综合评价原理与应用[M].北京：电子工业出版社，2003.

[3] 邱东.多指标综合评价方法[J].统计研究，1990，(6)：49-51.

[4] 张于心等.综合评价指标体系和评价方法[J].北京交通大学学报，1995，19(3)：393-400.

[5] 王明涛.多指标综合评价中权系数确定的一种综合分析方法[J].系统工程，1999，17(2)：56-61.

[6] 郭亚军.多属性综合评价[M].沈阳：东北大学出版社，1996.

[7] 郭亚军.综合评价理论与方法[M].北京：科学出版社，2002.

[8] 郭亚军.综合评价理论、方法与应用[M].北京：科学出版社，2007.

[9] 闫风茹等.略论综合评价方法[J].山西统计，2003，(1)：16-17.

[10] 王宗军.综合评价的方法、问题及其研究趋势[J].管理科学报，1998，1(1)：73-79.

[11] 陈衍泰等.综合评价方法分类及研究进展[J].管理科学学报，2004，7(2)：69-79.

[12] 刘树梅等.综合评价活动的发展、问题、建议[J].统计研究，2002，(12)：50-5.3

[13] 金玉国.一种测定权数的新方法：灰色系统关联分析[J].统计教育，2002，3：14-15.

[14] 赵焕臣，许树柏，和金生.层次分析法——一种简易的新决策方法[M].北京：科学出版社，1986.

[15] 杜栋.论 AHP 的标度评价.运筹与管理[J].2000，9(4)：42-45.

[16] 芪垆.实用模糊数学[M].北京：科技文献出版社，1989.

[17] 张跃等.模糊数学方法及其应用[M].北京：煤炭工业出版社，1992.

[18] 王巨川等.多指标模糊综合评判[J].昆明理工大学学报，1998，23(4)：69-71.

[19] 邓聚龙.灰色系统基本方法[M].武汉：华中理工大学出版社，1987.

[20] 曹鸿兴，郑耀文，顾今.灰色系统理论浅述[M].北京：气象出版社，1988.

[21] 袁嘉祖.灰色系统理论及其应用[M].北京：科学出版社，1991.

[22] 杜栋，庞庆华，吴炎.现代综合评价方法案例精选[M].清华大学出版社，2014.

[23] 胡永宏，贺思辉.综合评价方法[M].北京：科学出版社，2000.

[24] 朱建平.应用多元统计分析(第三版)[M].北京：科学出版社，2016.

[25] 朱孔来.国民经济和社会发展综合评价研究[M].济南：山东人民出版社，2004.

[26] 刘姝驿，杨庆媛，何春燕，王雪，侯培.基于层次分析法(AHP)和模糊综合评判法的土地整治效益评价——重庆市 3 个区县 26 个村农村土地整治的实证[J].中国农学通报，2013，29(26)：54-60.

[27] 张东明，李亚东，黄宏伟.面向一流人才培养的研究生教育质量评价方法初探——基于层次分析法与模糊综合评判法的指标体系研究[J].研究生教育研究，2020(2).

教学支持说明

▶▶课件申请

尊敬的老师：

您好！感谢您选用清华大学出版社的教材！为更好地服务教学，我们为采用本书作为教材的老师提供教学辅助资源。该部分资源仅提供给授课教师使用，请您直接用手机扫描下方二维码完成认证及申请。

任课教师扫描二维码
可获取教学辅助资源

▶▶样书申请

为方便教师选用教材，我们为您提供免费赠送样书服务。授课教师扫描下方二维码即可获取清华大学出版社教材电子书目。在线填写个人信息，经审核认证后即可获取所选教材。我们会第一时间为您寄送样书。

任课教师扫描二维码
可获取教材电子书目

清华大学出版社

E-mail: tupfuwu@163.com　　网址：http://www.tup.com.cn/

电话：010-83470332 / 83470142　　传真：8610-83470107

地址：北京市海淀区双清路学研大厦B座509室　　邮编：100084

教师服务

感谢您选用清华大学出版社的教材！为了更好地服务教学，我们为授课教师提供本书的教学辅助资源，以及本学科重点教材信息。请您扫码获取。

教辅获取

本书教辅资源，授课教师扫码获取

样书赠送

统计学类重点教材，教师扫码获取样书

清华大学出版社

E-mail: tupfuwu@163.com
电话：010-83470332 / 83470142
地址：北京市海淀区双清路学研大厦 B 座 509

网址：http://www.tup.com.cn/
传真：8610-83470107
邮编：100084